从五个维度认识把握“两个确立”

曲青山 著

人民出版社

出版说明

党的十九届六中全会审议通过的《中共中央关于党的百年奋斗重大成就和历史经验的决议》指出："党确立习近平同志党中央的核心、全党的核心地位，确立习近平新时代中国特色社会主义思想的指导地位，反映了全党全军全国各族人民共同心愿，对新时代党和国家事业发展、对推进中华民族伟大复兴历史进程具有决定性意义。""两个确立"的提出，是对党的百年奋斗历史经验特别是党的十八大以来伟大实践经验的深刻总结，是中国特色社会主义进入新时代的历史条件下形成的最重要政治成果。

为进一步贯彻落实党的十九届六中全会精神，迎接党的二十大胜利召开，我社特约请中央党史和文献研究院院长曲青山同志撰写了本书。本书从历史唯物主义立场观点出发，从理论维度、历史维度、现实维度、未来维度和实践维度对

“两个确立”这一重大政治理论命题进行了解读和阐释，既全面系统，又通俗生动，有助于广大干部群众准确把握“两个确立”的本质内涵，深刻领会“两个确立”的决定性意义，全面贯彻“两个确立”的实践要求。

人民出版社

2022 年 6 月

目　录

引　言

在中国共产党成立100周年的重要历史时刻，在党领导人民胜利实现第一个百年奋斗目标、全面建成小康社会，正在向着全面建成社会主义现代化强国的第二个百年奋斗目标迈进的重大历史关头，我们党召开了具有重大历史意义的十九届六中全会。这次全会审议通过了《中共中央关于党的百年奋斗重大成就和历史经验的决议》（以下简称《决议》），这是我们党作出的第三个历史决议。在党的历史上，以中央全会的名义和层级总结党的历史经验，作出历史决议，一共有三次。前两次是：1945年党的六届七中全会基本通过的《关于若干历史问题的决议》，这是党作出的第一个历史决议；1981年党的十一届六中全会审议通过的《关于建国以来党的若干历史问题的决议》，这是党作出的第二个历史决议。这两个历史决议，都实事求是地总结了党的重大历史事件和重要经验教训，在重大历史关头统一了全党的思想和行动，对推进党和人民事业发挥了重要引领作用。现在，又到了一个重要历史时刻和重大历史关头，毫无疑问，制定党的第三个历史决议，总结党的百年奋斗重大成就和历史经验，对于我们从党的百年奋斗中看清楚我们过去为什么能够成功、弄明白未来我们怎样才能继续成功，从而更加坚定、更加自觉地践行初心使命，在新时代更好地坚持和发展中国特色社会主义，具有极其重大的现实意义和深远的历史意义。

环视世界，观古看今，可以说，没有哪一个国家、哪一个民族、哪一个政党，像中国、中华民族、中国共产党这样，如此重视自己的历史，如此善于从历史中汲取智慧和力量。党的十九届六中全会作出的第三个历史决议，与以往不同的是，将着重点和着力点放在总结党的百年奋斗的重大成就和历史经验上，这是有深入思考和战略考量的。总结党的百年奋斗的重大成就，是为了增强信心、给我们力量；总结党的百年奋斗的历史经验，是为了获得启迪、给我们智慧。尤其需要特别指出的是，这次《决议》突出了“开创中国特色社会主义新时代”这个重点，其所占篇幅和字数是《决议》的二分之一以上。为什么要作这样一个安排和设计？因为，这一部分内容的绝大部分是我们正在做和将要做的事情，这一个时期一头连着过去，一头连着未来，对于我们当下明确目标任务、明确前进方向就更具有特殊重要的意义。

党的十九届六中全会审议通过的《决议》，在总结中国特色社会主义进入新时代的重大成就和历史经验时，作出了“两个确立”具有决定性意义的重大历史结论。《决议》指出：“党确立习近平同志党中央的核心、全党的核心地位，确立习近平新时代中国特色社会主义思想的指导地位，反映了全党全军全国各族人民共同心愿，对新时代党和国家事业发展、对推进中华民族伟大复兴历史进程具有决定性意义。”这个结论是体现全党全军共同意志、反映全体人民共同心声的重大政治论断，是对党的百年奋斗历史经验特别是党的十八大以来伟大实践经验的深刻总结，是中国特色社会主义进入新时代的历史条件下形成的最重要政治成果。这个结论内涵十分丰富，思想极其深刻，是深入领会《决议》的一把“金钥匙”，也是深刻把握中国特色社会主义进入新时代的一把“金钥匙”，更是贯通党的百年历史过去、现在和未来的纲与魂。因此，准确把握“两个确立”的本质内涵，深刻领悟“两个确立”的决定性意义，全面贯彻“两个确立”的实践要求，就成为在新时代坚持和发展中国特色社会主义的根本政治遵循。

由此看来，“两个确立”既是一个重大的政治问题，又是一个重大的理论问题，我们要学习贯彻好党的十九届六中全会精神，深刻领悟“两个确立”的决定性意义，必须从理论和实际、历史和现实的结合上，把这个问题讲清楚、讲明白。马克思在《〈黑格尔法哲学批判〉导言》中强调指出：“理论只要说服人，就能掌握群众；而理论只要彻底，就能说服人。”如果我们能以马克思主义为指导，结合党的历史，联系新时代的实际，把这个问题阐述得科学、解读得透彻，这个结论就有了理论的彻底性；这个结论有了理论的彻底性，就能说服人；而能说服人，就会掌握群众；而掌握了群众，就会产生精神变物质的强大现实力量；而产生了精神变物质的强大现实力量，我们就能在新的历史征程中攻坚克难、无往而不胜。

一、从理论维度认识把握“两个确立”

“两个确立”是党的十九届六中全会审议通过的《决议》，对中国特色社会主义进入新时代所取得的历史性成就和发生的历史性变革的根本原因，作出的重大政治判断和历史结论。这个政治判断和历史结论，虽然是特指的，有特定的对象，但抽象地说，具有一般性的普遍意义。一般寓于特殊之中。从一般性上说，“两个确立”的实质性问题是两个：一个是组织问题，一个是思想理论问题。组织问题是需要通过法定的组织程序，确立党的领导核心，决定党的领袖的问题。思想理论问题是通过承前启后、继往开来，进行党的理论创新，确立党的指导思想，决定党的行动指南的问题。中国共产党作为一个马克思主义政党，提出“两个确立”的理论依据是什么呢？马克思是共产党人的老祖宗，马克思主义是中国共产党指导思想的理论基础，总结党的百年奋斗光辉历程，我们党作出这样一个重大政治判断和历史结论，其理论依据自然是马克思主义。

（一）“两个确立”的理论依据来自于马克思主义的唯物史观

1. 唯物史观的创立

马克思是全世界无产阶级和劳动人民的革命导师，是马克思主义的主要创始人，是马克思主义政党的缔造者和国际共产主义的开创者，是近代以来最伟大的思想家。马克思对人类社会的贡献是多方面的。但他的思想贡献概括起来讲主要有两个方面，这正如恩格斯在马克思墓前的讲话中所指出的那样：“马克思在他所研究的每一个领域，甚至在数学领域，都有独到的发现，这样的领域是很多的，而且其中任何一个领域他都不是浅尝辄止。”然而，他最重要的发现是两个：一个是唯物史观，一个是剩余价值学说。唯物史观的发现，揭示了人类社会发展的规律；剩余价值学说的发现，揭示了资本主义社会的运动规律。这两个发现是破天荒的，在人类社会发展史上具有里程碑的意义。

社会变革的动力是什么？是英雄创造历史，还是奴隶创造历史？人类社会发展有没有规律？这些重大的问题，自人类社会进入阶级社会以来，就成为无数哲学家、思想家、政治家要回答的问题。由此也就产生了唯物论与唯心论、辩证法与形而上学的矛盾对立和斗争，世界上也就创立和形成了无数个不同的哲学派别和思想体系。以往的“哲学家们只是用不同的方式解释世界，而问题在于改变世界”。在马克思主义诞生以前，世界上还没有一种哲学和思想学说能够如此深刻阐述和科学揭示人类社会发展规律的。马克思主义是马克思、恩格斯共同创立的，因为马克思在创立的过程中起了决定性作用，故以马克思的名字来命名。马克思主义是马克思、恩格斯在工人阶级斗争实践和对人类先进文化思想的批判继承中创立的。马克思主义的创立实现了人类认识史上的伟大变革，在人类思想史上树起了一座前无古人的不朽丰碑。这一理论犹如壮丽的日出，照亮了人类探索历史规律和寻求自身解放的道路。

马克思主义是人类最高智慧。马克思主义由其哲学、政治经济学、科学社会主义三个部分组成。马克思主义哲学即辩证唯物主义和历史唯物主义，马克思本人称之为“新唯物主义”。与以往的哲学相比，马克思主义哲学之所以被称为“新唯物主义”，新就新在：从哲学对象上看，马克思主义哲学正确解决了哲学与具体科学的相互关系，科学确定了自然界、人类社会和思维最一般规律是哲学的研究对象；从哲学内容上看，马克思主义哲学克服了旧哲学中唯物主义和辩证法相分离、自然观与历史观相矛盾的缺陷，建立了唯物主义和辩证法高度统一、辩证唯物主义自然观和历史观高度统一的科学体系；从哲学使命上看，马克思主义哲学把“改变世界”、使“世界革命化”作为根本任务，形成了在实践基础上的科学性和革命性相统一的不断发展的哲学。历史唯物主义又被称为唯物史观。唯物史观的发现，“在整个世界史观上实现了变革”。在马克思主义哲学产生以前，唯心史观一直占据统治地位。它的主要缺陷是：至多考察了人们活动的思想动机，而没有进一步考究思想动机背后的物质动因和经济根源，因而从社会意识决定社会存在的前提出发，把社会历史看成是精神发展史，否认社会历史的客观规律，否认人民群众在社会历史发展中的决定性作用。“正像达尔文发现有机界的发展规律一样，马克思发现了人类历史的发展规律”，“历史破天荒第一次被置于它的真正基础上；一个很明显的而以前完全被人忽略的事实，即人们首先必须吃、喝、住、穿，就是说首先必须劳动，然后才能争取统治，从事政治、宗教和哲学等等，——这一很明显的事实在历史上的应有之义此时终于获得了承认”。唯物史观的发现，使唯物主义原则由自然领域拓展并贯彻到社会历史领域，使社会主义由空想变为科学。列宁评价唯物史观为“科学的社会学”“唯一科学的历史观”。他还强调指出：“马克思加深和发展了哲学唯物主义，而且把它贯彻到底，把它对自然界的认识推广到对人类社会的认识。马克思的历史唯物主义是科学思想中的最大成果。”“马克思的哲学是完备的哲学唯物主义，它把伟大的认识工具给了人类，特别是给了工人阶级。”学习贯彻党的十九届六中全会精神，深刻领悟“两个确立”的决定性意义，我们看到，马克思主义的唯物史观为“两个确立”提供了理论依据。

“两个确立”是建立在唯物史观的两个基本原理基础之上的：一个是人民群众是历史创造者的原理；一个是社会存在决定社会意识、社会意识反作用于社会存在的原理。从第一个基本原理看，这个原理强调的是，人民群众是社会物质财富的创造者，是社会精神财富的创造者，是社会变革的决定力量。同时，又承认个人对社会发展的影响作用，甚至是重大的影响作用。从第二个基本原理看，这个原理强调的是，正确反映事物和合乎客观规律的思想、认识就是真理，不能正确反映事物和不合乎客观规律的思想、认识就是谬误。真理对认识和改造世界具有极大的能动的指导作用。唯物史观的这两个基本原理，都阐述了一个决定和被决定、作用和反作用的辩证关系。它们一方面从根本上划清了历史唯物主义和历史唯心主义的界限，另一方面又从根本上划清了辩证唯物主义和旧唯物主义的界限。我们应该认真学习，全面准确地领会。如果我们重视和强调了一个方面，而忽视和丢掉了另一个方面，就会犯机械论、片面性的错误，就不能科学地解释历史，也就无法正确地认识和把握历史发展规律。

2. 关于人民群众是历史创造者的基本原理

这个原理是“两个确立”依据唯物史观的第一个原理。对这个原理我们除要学习领会人民是历史的创造者，群众是真正的英雄，人民是创造世界历史的动力等基本观点外，还需要学习领会包含在唯物史观中的其他重要观点。这些重要观点实际上是对基本原理的具体展开。

（1）关于社会历史发展是无数个人合力作用的结果，每个人在历史发展过程中都起一定作用的观点。唯物史观认为，每个人尽管在历史上发挥作用的性质和程度各不相同，但都会在历史上留下自己的印记。离开了每一个个人的作用，也就不可能有群众的作用。恩格斯在《路德维希·费尔巴哈和德国古典哲学的终结》中指出：“无论历史的结局如何，人们总是通过每一个人追求他自己的、自觉预期的目的来创造他们的历史，而这许多按不同方向活动的愿望及其对外部世界的各种各样作用的合力，就是历史。”这里，恩格斯已经指出了历史就是每一个人合力作用的结果。后来，恩格斯在给约瑟夫·布洛赫的信中进一步深刻指出：“历史是这样创造的：最终的结果总是从许多单个的意志的相互冲突中产生出来的”，“这样就有无数互相交错的力量，有无数个力的平行四边形，由此就产生出一个合力，即历史结果”，“每个意志都对合力有所贡献”。

（2）关于历史人物在历史发展过程中起着特殊作用，特别是杰出人物、伟大人物对历史发展有着深刻影响的观点。唯物史观强调，尽管每个人在历史发展中都起一定作用，但是作用的性质、大小是不一样的。历史人物的作用大一些，普通个人的作用小一些。同样是历史人物，杰出人物、伟大人物顺应历史发展的潮流，代表人民意愿，对历史发展起加速作用；反动人物、反面人物逆历史潮流而动，违背人民意愿，对历史发展起阻碍作用。在历史发展进程中，新的历史任务往往是由杰出人物、伟大人物首先发现并提出来的。因为他们比一般人站得高、看得远，解决历史任务的愿望比别人更强烈、更主动，能为群众指明革命斗争的方向，在革命斗争中起着领导核心作用。被誉为“俄国马克思主义之父”“教育了整整一代马克思主义者”的普列汉诺夫，在其代表作《论个人在历史上的作用问题》中，系统论述了杰出人物、伟大人物在历史上的地位作用。列宁将这部著作列为马克思主义的经典文献之一。普列汉诺夫所研究的“个人”特指杰出人物、伟大人物。他指出：“一个伟大人物之所以伟大，并不是因为他的个人特点使伟大的历史事变具有个别的外貌，而是因为他所具备的特点，使他自己最能为当时在一般的和特殊的原因影响下所发生的伟大社会需要服务。”“因为他的见识要比别人的远些，他的愿望要比别人的强烈些。他把先前的社会智慧发展进程所提出的科学任务拿来加以解决；他把先前的社会关系发展过程所造成的新的社会需要指明出来；他担负起满足这些需要的发起责任。”杰出人物、伟大人物是历史规律的发现者，是历史任务的提出者，是历史方向的指导者，是历史力量的凝聚者，是历史潮流的引领者，是历史变革的谋划者。同时，唯物史观认为，杰出人物、伟大人物对历史发展的作用要受社会历史条件的制约，受人民群众及其实践活动的制约。马克思在《哲学的贫困》中有非常深刻的阐述，即每个人既是历史的“剧中人”，又是历史的“剧作者”。杰出人物、伟大人物只有顺应历史发展的要求和人民群众的意愿，才能起到推动人类社会历史前进的积极作用。

（3）关于每一个时代一定会出现自己的杰出人物、伟大人物，无产阶级必须要有自己的领袖的观点。唯物史观认为，时势造英雄，杰出人物、伟大人物的出现具有历史必然性。马克思在《1848 年至 1850 年的法兰西阶级斗争》中指出：“每一个社会时代都需要有自己的大人物，如果没有这样的人物，它就要把他们创造出来。”恩格斯在致瓦尔特·博尔吉乌斯的信中指出：“每当需要有这样一个人的时候，他就会出现”。同时，唯物史观还认为，无产阶级必须要有自己的领袖。列宁指出：“在历史上，任何一个阶级，如果不推举出自己的善于组织运动和领导运动的政治领袖和先进代表，就不可能取得统治地位。”他还科学论证了领袖与群众、阶级、政党之间的辩证关系，指出：“群众是划分为阶级的；……在通常情况下，在多数场合，至少在现代的文明国家内，阶级是由政党来领导的；政党通常是由最有威信、最有影响、最有经验、被选出担任最重要职务而称为领袖的人们所组成的比较稳定的集团来主持的。”并强调“造就一批有经验、有极高威望的党的领袖是一件长期的艰难的事情。但是做不到这一点，无产阶级专政、无产阶级的‘意志统一’就只能是一句空话”。邓小平同志结合中国革命的实际曾强调指出：“没有领袖和核心，就要培养领袖和核心。要革命的话，就应该建立这样的党。就是工人运动、农民运动，没有领袖行吗？领袖就是团结的核心，他本身就是力量。中国革命之所以取得胜利，就是因为有了毛泽东这样的领袖。”“对于领袖的爱护——本质上是表现对于党的利益、阶级的利益、人民的利益的爱护，而不是对于个人的神化。”

（4）关于无产阶级领袖具有以往任何阶级的杰出人物、伟大人物所不可比拟的优秀品质和伟大作用的观点。唯物史观强调，无产阶级是大工业的产物，符合生产社会化的发展趋势，代表着先进生产力。同时，由于他们一无所有，政治上受压迫最大，经济上受剥削最深，因此，革命最彻底，最大公无私，也最有前途。其他阶级都会随着工业化和现代化发展的进程而逐渐消亡，而无产阶级会不断发展壮大，它是最后一个自行消亡的阶级。所以，无产阶级领袖所代表的是历史上最革命、最先进的阶级。无产阶级的历史地位和历史使命，决定了无产阶级领袖，既是实践家，又是理论家；既是人民的领导者，又是人民的公仆；既具有卓越的才能，又善于集中群众的智慧。无产阶级领袖在历史上的作用，取决于他们对历史发展规律的认识程度以及同人民群众的结合程度。

（5）关于无产阶级政党必须坚定不移地维护领袖权威的观点。唯物史观认为，无产阶级政党不是“个人的偶然凑合”。无产阶级政党担负着实现共产主义的崇高理想和历史使命，如果缺乏权威人物，没有领导核心，无产阶级政党就难以发挥严密的组织性和纪律性的优势，无产阶级就难以作为一个整体而行动，从而在一致的行动中改变旧世界、建设新世界。马克思指出：“一个单独的提琴手是自己指挥自己，一个乐队就需要一个乐队指挥。”恩格斯在《论权威》中深刻论证了确立和维护权威的重要性和必要性。他指出：“能最清楚地说明需要权威，而且是需要专断的权威的，要算是在汪洋大海上航行的船了。那里，在危急关头，大家的生命能否得救，就要看所有的人能否立即绝对服从一个人的意志。”这个人是谁，就是船长。他强调，反权威主义者只有两种情况：“或者是反权威主义者自己不知所云，如果是这样，那他们只是在散布糊涂观念；或者他们是知道的，如果是这样，那他们就背叛了无产阶级运动。在这两种情况下，他们都只是为反动派效劳。”对这个问题，我们党的领袖，在长期革命斗争的实践中，在总结党领导人民进行伟大奋斗的历史经验中，都有过许多深刻的论述。毛泽东同志指出：“要建立领导核心，反对‘一国三公’。”领导核心只能有一个，一个桃子剖开来有几个核心？只有一个核心。邓小平同志在对党的第三代中央领导集体作政治交代时强调：“任何一个领导集体都要有一个核心，没有核心的领导是靠不住的”，

“要有意识地维护一个核心”。习近平总书记强调指出：“党的历史、新中国发展的历史都告诉我们：要治理好我们这个大党、治理好我们这个大国，保证党的团结和集中统一至关重要，维护党中央权威至关重要。”我们这样一个有着 14 亿多人口的大国，有着 9500 多万名党员的大党，必须有一个坚强的领导核心。如果没有党中央的核心、全党的核心，就没有党中央的权威和集中统一领导，就会导致各自为阵、各自为政，那就什么事情都干不成。

3. 关于社会存在决定社会意识、社会意识反作用于社会存在的原理

这个原理是“两个确立”依据唯物史观的第二个原理。对这个原理我们也需要进一步深入学习领会。

唯物史观在实践的基础上，科学地解决了社会存在与社会意识的关系，在承认社会存在决定社会意识的同时，又指出了社会意识对社会存在具有的反作用，这有力地论证了科学理论武装的巨大作用与重大意义。

（1）关于科学理论对实践具有巨大的指导作用，无产阶

级政党必须以科学理论武装自己的观点。唯物史观认为，社会存在决定社会意识，社会意识对社会存在具有能动的反作用。恩格斯指出：“一切观念都来自经验，都是现实的反映——正确的或歪曲的反映。”毛泽东同志说：“反映不是被动的摄取对象，而是一个能动的过程。在生产和阶级斗争中，认识是能动的因素，起着改造世界的作用。”列宁说：“当我们不知道自然规律的时候，自然规律是在我们的认识之外独立地存在着并起着作用，使我们成为‘盲目的必然性’的奴隶。一经我们认识了这种不依赖于我们的意志和我们的意识而起着作用的（如马克思千百次反复说过的那样）规律，我们就成为自然界的主人。在人类实践中表现出来的对自然界的统治是自然现象和自然过程在人脑中客观正确的反映的结果，它证明这一反映（在实践向我们表明的范围内）是客观的、绝对的、永恒的真理。”科学的理论，作为先进社会意识的集中反映形式，会对社会发展起巨大的促进作用。毛泽东同志认为：“马克思主义的哲学认为十分重要的问题，不在于懂得了客观世界的规律性，因而能够解释世界，而在于拿了这种对于客观规律性的认识去能动地改造世界。在马克思主义看来，理论是重要的，它的重要性充分地表现在列宁说过的一句话：‘没有革命的理论，就不会有革命的运动。’然而马克思主义看重理论，正是，也仅仅是，因为它能够指导行动。如果有了正确的理论，只是把它空谈一阵，束之高阁，并不实行，那末，这种理论再好也是没有意义的。认识从实践始，经过实践得到了理论的认识，还须再回到实践去。认识的能动作用，不但表现于从感性的认识到理性的认识之能动的飞跃，更重要的还须表现于从理性的认识到革命的实践这一个飞跃。抓着了世界的规律性的认识，必须把它再回到改造世界的实践中去，再用到生产的实践、革命的阶级斗争和民族斗争的实践以及科学实验的实践中去。”无产阶级政党的整个世界观是以马克思主义为基础的，有马克思主义这个科学的理论作为指导，是无产阶级政党的优点。马克思指出：“哲学把无产阶级当做自己的物质武器，同样，无产阶级也把哲学当做自己的精神武器”。恩格斯强调：“我们党有个很大的优点，就是有一个新的科学的世界观作为理论的基础”。反之，没有马克思主义这个科学理论作为指导，就不会有坚强的无产阶级政党。列宁在《马克思主义的三个来源和三个组成部分》中说：“马克思加深和发展了哲学唯物主义，而且把它贯彻到底，把它对自然界的认识推广到对人类社会的认识”，“马克思学说具有无限力量，就是因为它正确。它完备而严密，它给人们提供了决不同任何迷信、任何反动势力、任何为资产阶级压迫所作的辩护相妥协的完整的世界观”。他在《唯物主义和经验批判主义》一文中还说：“沿着马克思的理论的道路前进，我们将愈来愈接近客观真理（但决不会穷尽它）；而沿着任何其他的道路前进，除了混乱和谬误之外，我们什么也得不到。”毛泽东同志在《论人民民主专政》一文中联系到我们党的历史，说得更具体、更生动、更形象。他说：“我们党走过二十八年了，大家知道，不是和平地走过的，而是在困难的环境中走过的，我们要和国内外党内外的敌人作战。谢谢马克思、恩格斯、列宁和斯大林，他们给了我们以武器。这武器不是机关枪，而是马克思列宁主义。”因此，无产阶级政党必须以科学的理论即马克思主义来武装自己。

（2）关于理论一经掌握群众，也会变成物质力量，无产阶级政党必须向广大群众灌输科学的理论，引导他们前进的观点。唯物史观认为，思想本身并不能实现什么，要实现什么就要诉诸实践，而社会实践的主体是人民群众。马克思、恩格斯指出：“思想本身根本不能实现什么东西。思想要得到实现，就要有使用实践力量的人。”因此，一种社会意识发挥作用的程度及范围大小、时间长短，同它掌握群众的深度和广度密切地联系在一起。马克思还强调：“批判的武器当然不能代替武器的批判，物质力量只能用物质力量来摧毁；但是理论一经掌握群众，也会变成物质力量。”然而，群众并不是自然而然地就能够接受理论，哪怕是科学的理论。列宁在《怎么办?》一文中指出：“工人阶级单靠自己本身的力量，只能形成工联主义的意识”，“阶级政治意识只能从外面灌输给工人”，“为了向工人灌输政治知识，社会民主党人应当到居民的一切阶级中去，应当派出自己的队伍分赴各个方面”。他还特别强调：“思想一旦掌握群众，就变成力量”，“任何一个代表着未来的政党的第一个任务，都是说服大多数人民相信其纲领和策略的正确”。因此，思想领导是无产阶级政党领导的灵魂所在，无产阶级政党必须把科学理论贯穿于党的章程和纲领之中，灌输到最广大群众之中，贯彻到最实际的无产阶级运动全过程。毛泽东同志在总结中国土地革命战争时期的经验教训时曾强调：“‘自由是必然的认识’——这是旧哲学家的命题。‘自由是必然的认识和世界的改造’——这是马克思主义的命题。一个马克思主义者如果不懂得从改造世界中去认识世界，又从认识世界中去改造世界，就不是一个好的马克思主义者。一个中国的马克思主义者，如果不懂得从改造中国中去认识中国，又从认识中国中去改造中国，就不是一个好的中国的马克思主义者。”“人们的社会存在，决定人们的思想。而代表先进阶级的正确思想，一旦被群众掌握，就会变成改造社会、改造世界的物质力量。”

（3）关于科学理论必须随着时代和实践的发展而发展，无产阶级政党要与时俱进、不断推进理论创新的观点。唯物史观认为，社会意识对社会存在的依赖性，决定了社会意识会随着社会存在的发展相应地或迟或早地发生变化和发展。科学理论，作为正确反映社会发展规律的先进社会意识，也必须随着实践的发展而不断发展，把科学理论当作行动的指南而不是教条。早在唯物史观创立之初，马克思就指出：“新思潮的优点又恰恰在于我们不想教条地预期未来，而只是想通过批判旧世界发现新世界。”恩格斯说：“每一个时代的理论思维，包括我们这个时代的理论思维，都是一种历史的产物，它在不同的时代具有完全不同的形式，同时具有完全不同的内容。”“我们的理论不是教条，而是对包含着一连串互相衔接的阶段的发展过程的阐明。”列宁指出：“我们决不把马克思的理论看作某种一成不变的和神圣不可侵犯的东西；恰恰相反，我们深信：它只是给一种科学奠定了基础，社会党人如果不愿落后于实际生活，就应当在各方面把这门科学推向前进。”毛泽东同志在《实践论》中说：“实践、认识、再实践、再认识，这种形式，循环往复以至无穷，而实践和认识之每一循环的内容，都比较地进到了高一级的程度。这就是辩证唯物论的全部认识论，这就是辩证唯物论的知行统一观。”“社会实践中的发生、发展和消灭的过程是无穷的，人的认识的发生、发展和消灭的过程也是无穷的。根据于一定的思想、理论、计划、方案以从事于变革客观现实的实践，一次又一次地向前，人们对于客观现实的认识也就一次又一次地深化。客观现实世界的变化运动永远没有完结，人们在实践中对于真理的认识也就永远没有完结。马克思列宁主义并没有结束真理，而是在实践中不断地开辟认识真理的道路。”他后来还特别指出：“人类的历史，就是一个不断地从必然王国向自由王国发展的历史。这个历史永远不会完结。在有阶级存在的社会内，阶级斗争不会完结。在无阶级存在的社会内，新与旧、正确与错误之间的斗争永远不会完结。在生产斗争和科学实验范围内，人类总是不断发展的，自然界也总是不断发展的，永远不会停止在一个水平上。因此，人类总得不断地总结经验，有所发现，有所发明，有所创造，有所前进。停止的论点，悲观的论点，无所作为和骄傲自满的论点，都是错误的。”他还说：“马克思列宁主义的伟大力量，就在于它是和各个国家具体的革命实践相联系的。”在改革开放和社会主义现代化建设新时期，邓小平同志敏锐地指出：“世界形势日新月异，特别是现代科学技术发展很快。现在的一年抵得上过去古老社会几十年、上百年甚至更长的时间。不以新的思想、观点去继承、发展马克思主义，不是真正的马克思主义者。”党的十八大以来，习近平总书记强调：“马克思主义理论不是教条，而是行动指南，必须随着实践的变化而发展”，“坚持用马克思主义之‘矢’去射新时代中国之‘的’，继续推进马克思主义基本原理同中国具体实际相结合、同中华优秀传统文化相结合，续写马克思主义中国化时代化新篇章”。因此，与时俱进确立党的科学理论的指导地位，是马克思主义的本质要求，也是无产阶级政党永葆先进性的必然要求。

（二）与“两个确立”相关的几个理论问题

学习领会马克思主义唯物史观的基本原理和思想观点，联系实际，我们还需要把握好与“两个确立”相关的几个理论问题。

1. 关于党的领袖与党的理论创新的关系问题

党的领袖是党领导人民在进行伟大斗争的实践中产生出来的。党的领袖具有一系列优秀品质，他们站得高、看得远，眼界开阔、胸怀天下，对党忠诚、不负人民，敢于斗争、勇于担当，乐于奉献、夙夜在公，注重实际、开拓创新，谦虚谨慎、不骄不躁，信念坚定、意志顽强，作风优良、人格伟大，联系群众、不怕牺牲。从个人条件上看，他们最有威信、最有影响、最有经验；从产生方式上看，他们在伟大斗争的实践中产生出来，又通过一定的组织程序被选拔和推荐出来；从所处地位看，他们责任重大，使命崇高，担负着最重要的职责。党的领袖不但要成为党中央的核心、全党的核心，在实践中起掌舵领航的作用，而且在推进党的理论创新中要起决定性作用。毛泽东同志是我们党的第一代中央领导集体的核心，毛泽东思想是马克思主义中国化的第一次历史性飞跃。毛泽东同志为党领导人民创造新民主主义革命的伟大成就、创造社会主义革命和建设的伟大成就发挥了重大作用，是毛泽东思想的主要创立者，为毛泽东思想的创立起了决定性作用。党的十八大以来，以习近平同志为核心的党中央团结带领全国各族人民，创造了新时代中国特色社会主义的伟大成就。在这个实践过程中，党坚持把马克思主义基本原理同中国具体实际相结合、同中华优秀传统文化相结合，创立了习近平新时代中国特色社会主义思想，实现了马克思主义中国化新的飞跃。习近平同志为这一思想的创立起了决定性作用、作出了决定性贡献，是这一思想的主要创立者。新时代的伟大斗争产生了党的坚强领导核心，党的坚强领导核心领导了新时代的伟大斗争。新时代的伟大实践孕育和催生了党的创新理论，党的创新理论引领了新时代的伟大实践。理论与实践相互交织、相互影响、相互促进、相互转化。正是因为有习近平总书记掌舵领航，全党才有了顶梁柱，全国 14 亿多人民才有了主心骨；正是因为有习近平新时代中国特色社会主义思想的科学引领，全党全国各族人民才有了思想上的“定盘星”、行动上的“指南针”。党的领导核心的确立与党的理论创新是统一的，是两位一体的。党的领导核心都是党的创新理论的主要创立者，都为党的创新理论作出了决定性贡献；党的创新理论都对党的领导核心作用的发挥起了重大的支撑作用。两者相互联系、相互促进，相辅相成、相得益彰。

2. 关于党的领袖与人民群众的关系问题

党的领袖与人民群众是相互依存、相互离不开的辩证统一关系。一方面，人民群众需要党的领袖，党的领袖来自于人民群众之中，是人民群众利益的忠实代表。没有党的领袖，人民群众的斗争和实践就会陷于自发、涣散、盲目、摸索的状态。党的领袖顺应时代的潮流，满足人民的愿望，领导、组织、团结、带领人民群众前进。党的领袖的抱负、能力、担当、情怀，对党、国家、民族发展的影响至关重要。党的领袖的形象是党、国家、民族人格化的具体体现，能够产生巨大的向心力、凝聚力、感召力。邓小平同志指出：“工人阶级政党的领袖，不是在群众之上，而是在群众之中，不是在党之上，而是在党之中。正因为这样，工人阶级政党的领袖，必须是密切联系群众的模范，必须是服从党的组织、遵守党的纪律的模范。”党的领袖的作用主要体现在这样几个方面：科学预见、教育引领、团结凝聚、举旗定向、领导指挥。具体地说就是依据社会发展的规律和现实状况，总结经验，创新理论，谋划蓝图，预见未来；动员群众，宣传群众，组织群众，使人民群众认识自己的利益，了解自己的前途，明确奋斗的方向；加强团结，坚定信心，攻坚克难，开拓前进。另一方面，党的领袖必须依靠人民群众，从群众中来，到群众中去，倾听人民群众的呼声，集中人民群众的正确意见，密切同人民群众的联系，代表最广大人民群众的根本利益，把人民放在心中最高位置，坚持人民至上。党的领袖来自于人民，根植于人民，服务于人民，党的领袖同人民群众密不可分。刘少奇同志在论述毛泽东同志同人民群众的关系时说过这样一段话：“毛泽东同志，是我们党的领袖，但他又是我们党的一个普通党员，……他是人民群众的领袖，但他的一切都根据人民群众的意志，他在人民面前是最忠实的勤务员和最恭谨的小学生。”他还说：“真正的我们党的历史，中国无产阶级与中国人民的正确的革命方向，是在毛泽东同志那里，是以毛泽东同志为代表为中心而继续着，存在着，发展着；而不是在任何其他的地方，也不是以任何其他的人为中心而存在，而发展。”周恩来同志在《学习毛泽东》一文中强调指出：“我们必须有一个大家共同承认的领袖，这样的领袖能够带着我们前进。”“我们的领袖是从人民当中生长出来的，是跟中国人民血肉相联的，是跟中国的大地、中国的社会密切相关的，是从中国近百年来和‘五四’以来的革命运动、多少年革命历史的经验教训中产生的人民领袖。因此，学习毛泽东必须全面地学习，从他的历史发展来学习，不要只看今天的成就伟大而不看历史的发展。”他在《七大开幕演说》中说：“我们依靠了全党同志的努力奋斗。我们依靠了数十万党内外革命先烈的流血牺牲。我们依靠了上万万人民大众的共同奋斗。我们依靠了国内民主党派的合作和国外进步人士的同情。最主要的，我们还是依靠了我党领袖毛泽东同志的英明领导。他指示了我们以新民主主义的方向，他教育了我们以中国马克思主义的思想和学说，他领导了我们经过中国革命三个历史时期，创造了伟大的革命力量，经历了无数次革命斗争，克服了无数次艰难困苦，达到了今天的初步胜利。”任弼时同志《在中国共产党第七次全国代表大会开幕典礼上的讲话》中也说：“在二十四年的奋斗过程中，我们党产生了自己的领袖毛泽东同志。毛泽东同志的思想，已经掌握了中国广大的人民群众，成为不可战胜的力量。毛泽东三个字不仅成为中国人民的旗帜，而且成为东方各民族争取解放的旗帜！我们应该感到荣幸，我们应该庆贺这个成功。”这些论述，都深刻阐述了党的领袖与人民群众的关系问题。

党的十八大以来，习近平总书记以其特有的睿智、远见、朴实、亲和而又坚毅的风格，以其深刻洞察能力、科学决策能力、高超驾驭能力，以马克思主义政治家、思想家、战略家的恢弘气魄、远见卓识、雄韬伟略，展现了一个风华正茂大党、复兴崛起大国的领袖形象。习近平总书记从人民中走来，又始终在人民之中，他急人民之所急，想人民之所想，办人民之所需，与人民心心相印，息息相通，同广大人民群众始终保持着密切的联系。习近平总书记是我们党的领袖，也是中国人民的领袖。

3. 关于党的领袖与民主集中制的关系问题

民主集中制是马克思主义政党的根本组织原则，是共产党特有的政治优势、组织优势、制度优势和工作优势。民主集中制的原则和制度有两个方面，一个是民主，一个是集中。民主强调的是发扬民主，集中集体的智慧、全党的智慧。集中强调的是正确集中，凝聚全党的意志，形成集体的力量。民主是正确集中的前提和基础，集中是民主的必然要求和归宿，两者相辅相成、内在统一、不可分割。民主集中制是民主与集中的有机结合。毛泽东同志指出：民主集中制，“它是民主的，又是集中的，就是说，在民主基础上的集中，在集中指导下的民主”。集中以民主为基础，民主通过集中加以体现。没有民主就没有集中，没有集中也没有民主。邓小平同志曾说：“我们党的组织原则是高度的民主和高度的集中相结合，把列宁提出的民主集中制原则精神发挥了。一个党不集中不行，如果没有中央的和各级党委的集中领导，这个党就没有战斗力。这种集中，如果没有高度的民主作基础，集中也是假的。”民主集中制的民主与集中是在矛盾运动中实现统一的。从贯彻落实民主集中制进行决策的过程看，任何一项决策都是先从正确指导下的高度民主开始的，又是在充分发扬民主的基础上进行高度集中后而结束的。民主集中制是马克思主义认识论在党的制度中的体现，是党的群众路线在党内生活中的运用。党的领袖要经常深入基层、深入群众，了解民情、体察民意、倾听民声，问政于民、问需于民、问计于民，善于从广大人民群众中汲取智慧和力量。在重大问题的决策前，要广泛深入地调研，这是实行民主集中制进行决策的前提。同时，党的领袖又要遇事不避难、不推诿，不犹豫徘徊、不优柔寡断，敢于负责、勇于担当，在重大问题上善于发挥引领作用，善于集中领导集体大多数人的意见，最后果断拍板，一锤定音。党的领袖的作用就是通过民主集中制来发挥的、来实现的，是建立在民主集中制基础之上的。党的领袖应该是贯彻执行民主集中制的榜样和典范。党的十四届四中全会在总结党的领导集体和核心关系时，是将其作为坚持民主集中制的一个重大问题来强调的。全会通过的决定指出：“党的历史表明，必须有一个在实践中形成的坚强的中央领导集体，在这个领导集体中必须有一个核心。如果没有这样的领导集体和核心，党的事业就不能胜利。这是坚持民主集中制的一个重大问题。”

对以上所述的唯物史观的基本原理及与之相关的理论问题进行思考，我们可以看到，这些基本原理、理论观点和理论问题，在中国共产党百年奋斗的历程中都给予了充分的历史说明和实践验证。

二、从历史维度认识把握“两个确立”

历史是最好的教科书，历史是最好的老师。党的百年历史波澜壮阔。从党的历史看“两个确立”，我们可以从中获得许多教益和启迪。“两个确立”是党的历史留给我们的宝贵经验。历史表明，“两个确立”做到了、做好了，党和人民的事业就前进、就发展；“两个确立”没有做到、没有做好，党和人民的事业就必定遭受挫折甚至是失败。党的坚强的领导核心、党的科学的理论指导，是关乎党、国家、人民、民族前途命运的根本性问题。

（一）从新民主主义革命时期看“两个确立”

党的新民主主义革命时期，是从 1921 年 7 月中国共产党建立到 1949 年 10 月中华人民共和国成立，共 28 年。这个时期党面临的主要任务是，反对帝国主义、封建主义、官僚资本主义，争取民族独立、人民解放，为实现中华民族伟大复兴创造根本社会条件。从新民主主义革命时期看“两个确立”，就是回顾，我们党的第一代中央领导集体的核心毛泽东同志的领导地位是怎样确立的，毛泽东思想是怎样创立的，马克思主义中国化的第一次历史性飞跃是如何实现的，从而受到历史启迪。

1. 遵义会议事实上确立了毛泽东同志在党中央和红军的领导地位

邓小平同志在讲到党的历史的时候曾指出：“在历史上，遵义会议以前，我们的党没有形成过一个成熟的党中央。从陈独秀、瞿秋白、向忠发、李立三到王明，都没有形成过有能力的中央。我们党的领导集体，是从遵义会议开始逐步形成的，也就是毛刘周朱和任弼时同志，弼时同志去世后，又加了陈云同志。”党的十九届六中全会审议通过的《决议》指出：“一九三五年一月，中央政治局在长征途中举行遵义会议，事实上确立了毛泽东同志在党中央和红军的领导地位，开始确立以毛泽东同志为主要代表的马克思主义正确路线在党中央的领导地位，开始形成以毛泽东同志为核心的党的第一代中央领导集体，开启了党独立自主解决中国革命实际问题新阶段，在最危急关头挽救了党、挽救了红军、挽救了中国革命，并且在这以后使党能够战胜张国焘的分裂主义，胜利完成长征，打开中国革命新局面。这在党的历史上是一个生死攸关的转折点。”在这里，《决议》作出了两个重要的判断和结论。一是遵义会议是一个重要的时间起点：遵义会议事实上确立了毛泽东同志在党中央和红军的领导地位。二是遵义会议是一个重要的标志：开始确立以毛泽东同志为主要代表的马克思主义正确路线在党中央的领导地位，开始形成以毛泽东同志为核心的党的第一代中央领导集体。也就是说，毛泽东同志在党的第一代中央领导集体中的核心地位是从遵义会议开始的。邓小平同志指出：“要使一个党逐步成为成熟的党，同群众有联系的党，是不容易的。从我们党的历史来看，我们全党成熟的标志是第七次全国代表大会，那是在一九四五年。我们从一九二一年建党，经过了二十四年，才成为一个成熟的党。当然，这是从全党来说。作为中央领导，可以说在一九三五年一月遵义会议确立了以毛泽东同志为核心的中央领导时，就成熟了，这也用了十三年半的时间。”邓小平同志是这一段历史的见证人，他的话是很有说服力的。

从党的历史来看，从1935年遵义会议到1945年党的七大，确立毛泽东同志作为党的领导核心、确立毛泽东思想作为党的指导思想并不是一帆风顺的，而是经历了一个长期、复杂、艰巨的充满斗争的过程。

习近平总书记在纪念毛泽东同志诞辰120周年座谈会上的讲话中指出：“毛泽东同志是伟大的马克思主义者，伟大的无产阶级革命家、战略家、理论家，是马克思主义中国化的伟大开拓者，是近代以来中国伟大的爱国者和民族英雄，是党的第一代中央领导集体的核心，是领导中国人民彻底改变自己命运和国家面貌的一代伟人。”这是我们党对毛泽东同志所作的最新最权威的评价。

毛泽东同志在青年时期就立下拯救中华民族于危难的远大志向。俄国十月革命发生后，他选择和确定了把马克思列宁主义作为自己的政治信仰。1921年7月，毛泽东同志参加了党的一大，成为中国共产党的创始人之一。之后他参加了轰轰烈烈的大革命运动。大革命失败后，他领导了秋收起义，率领起义的部队上了井冈山，开创了井冈山道路，创建了中国第一个农村革命根据地。尔后，他与朱德等同志领导的南昌起义的部队胜利会师，共同创建了中国工农红军，并开辟了赣南闽西中央革命根据地。1931 年党的六届四中全会后，党内开始了王明“左”倾教条主义的统治时期。王明“左”倾教条主义错误直接导致党和革命事业“丧失了除了陕甘边区以外的一切革命根据地……而在国民党区域的党组织几乎全部丧失”。党的六届四中全会后，毛泽东同志受到排斥和打击。中央革命根据地第五次反“围剿”失败后，中央红军被迫进行了战略转移。在越过敌人第四道封锁线时，发生了湘江战役。在这次战役中，红军遭到重大损失，从长征出发时的 8.6 万人减少到 3 万人。红军长征要到哪里去？红军能不能摆脱敌人的围追堵截？应该确立什么样的军事战略战术和方针？这一系列重大问题摆在了党和红军面前。在党和红军面临生死存亡的危急关头，我们党召开了遵义会议。在遵义会议上，经过毛泽东同志等与党内“左”倾教条主义的斗争，会议取得重要成果，毛泽东同志被增选为中共中央政治局常委，进入中共中央最高决策层，成为了党中央的主要领导人之一。后中央常委进行了重新分工，又成立了毛泽东、周恩来、王稼祥同志组成的新三人团。尽管周恩来同志是负责人，是党内委托的对于指挥军事上下最后决心的负责者，但是，周恩来同志认识到了毛泽东同志高超的军事指挥才能，自觉地采纳和听取毛泽东同志的正确意见，将军事指挥权转移给了毛泽东同志，于是毛泽东同志在事实上成为新三人团的核心。

1936 年 10 月，红军三大主力胜利会师。12 月 7 日，中革军委在陕北保安对领导人进行了重大调整，组成了以毛泽东为主席的新中革军委。至此，毛泽东同志担任了中革军委主席，从职务上名正言顺地成为中国共产党最高军事领导人。但是，随着王明的回国，毛泽东同志在党内的领导地位又受到了严重挑战，形势很快就发生了变化。

王明当时是共产国际执委会主席团委员、政治书记处候补书记、共产国际东方部部长、中共驻共产国际代表团团长，在莫斯科中山大学学习工作过 5 年。他善于靠背诵马列语录和打着传达共产国际指示的旗号作指示批示、作报告和演说。1937 年 11 月 29 日，王明等人从苏联回国到达延安。在随后召开的中央政治局会议（即十二月会议）上，王明多次不点名地严厉指责和批评毛泽东同志。在这次会议及以后的一段时间里，王明在长江局工作中我行我素、不听党中央指挥，另搞一套，多次未经中央同意擅自发表中央决议和会议意见。这些做法严重违反党的政治纪律和政治规矩，给党的事业造成极大危害。自遵义会议形成的毛泽东同志在党内的领导地位和正确路线受到严重干扰和破坏。有一次，李维汉同志去看毛泽东，毛泽东同志十分感慨地对李维汉说：“我的命令不出这个窑洞。”毛泽东后来还说：“十二月会议后，中央已名存实亡。”面对王明的严重挑战，毛泽东同志镇定自若，从容应对，同王明在抗战期间所提出的右倾错误主张进行了顽强的斗争。为了解决中央领导层之间的分歧，1938 年 3 月，中央政治局会议决定派任弼时同志去苏联向共产国际报告工作，争取共产国际的支持。由于毛泽东同志在军事、政治、理论各方面所展现出来的无与伦比的卓越才华，终于赢得了共产国际的信任和支持。7 月初，共产国际领导人季米特洛夫同即将回国的王稼祥和接替王稼祥任中共驻共产国际代表的任弼时同志谈话时明确地指出：“应该告诉大家，应该支持毛泽东同志为中国共产党的领导人。他是在实际斗争中锻炼出来的。其他人如王明，不要再去竞争当领导人了。”“国际认为，中央的政治路线是正确的，中共在复杂环境及困难条件下真正运用了马列主义”。中共中央“在领导机关中要在毛泽东为首的领导下解决”。

王稼祥同志回到延安后，在9月14日的中央政治局会议上，传达了共产国际《关于中共代表团报告的决议案》和季米特洛夫的意见。正如《王稼祥年谱》所记述和评议的那样：“王稼祥传达的共产国际这些指示极为重要：第一是肯定了‘中共中央的政治路线是正确的’，第二是肯定了中共中央的领导机关要‘以毛泽东为首’。这就从根本上剥夺了王明以共产国际的‘钦差大臣’自居、不断对中共中央的政治路线说三道四的资本，为六中全会的胜利召开扫除了障碍。”

9月29日至11月6日，党的六届六中全会在延安召开，这是一次扩大的中央全会。后来，毛泽东同志说，这次全会是“决定中国之命运的”。全会通过了《中共扩大的六中全会政治决议案》，批准了以毛泽东同志为代表的中央政治局的政治路线，克服了王明右倾错误对党的工作的干扰，充分肯定了独立自主放手发动人民抗日武装的方针，从而统一了全党的思想和步调，推动了各项工作的全面开展，巩固了毛泽东同志在党和红军中的领袖地位。从此，毛泽东同志真正负起了党的全面领导责任。

这里需要说明的是，张闻天同志这时在党中央名义上还是负总责，但此后，张闻天同志自己讲，他“就主动地将党内负总责的工作移交给毛泽东了”，将中央政治局会议的地点移到杨家岭毛泽东同志的住处，自己“只在形式上当当主席，一切重大问题均由毛主席决定……实际上是做了宣传教育部门的工作”。

党的扩大的六届六中全会，可以说是继遵义会议之后，我们党召开的又一个重要会议。这次全会，进一步巩固和加强了毛泽东同志在党中央和军队中的领袖地位。

1943 年 3 月 20 日，中央政治局召开会议，对中央机构进行了调整和精简。会议通过《中共中央关于中央机构调整及精简的决定》。决定指出：“在两次中央全会之间，中央政治局担负领导整个党工作的责任，有权决定一切重大问题。政治局推定毛泽东同志为主席”。“凡重大的思想、政治、军事、政策和组织问题，必须在政治局会议上讨论通过”。“书记处是根据政治局所决定的方针处理日常工作的办事机关”，“书记处重新决定由毛泽东、刘少奇、任弼时三同志组成之，泽东同志为主席”。书记处“会议中所讨论问题，主席有最后决定之权”。毛泽东同志在组织程序上正式成为中央政治局主席、中央书记处主席。

1945 年 4 月，党的七大在延安召开。毛泽东同志在会上致开幕词并作了《论联合政府》的书面政治报告。在党的七届一中全会上，毛泽东同志当选为中共中央主席兼中央政治局和中央书记处主席。最终从党内的制度和法规上完成了完整的组织程序，通过党的全国代表大会和中央全会，毛泽东同志真正成为名副其实的党的主要领导人，成为党的第一代中央领导集体的核心。

毛泽东同志的党的核心地位的确立，经历了一个漫长的历史过程。这个过程漫长而曲折，充满着艰辛，充满着斗争。中国革命的伟大斗争实践造就了毛泽东，中国革命的历史和全党全国人民选择了毛泽东。

下面，我们选择几段文献史料和有关当事人对这个问题的论述，看一看老一辈革命家、社会贤达和知名人士等，对毛泽东同志作为党的领袖、人民的领袖的评价和评说。

邓小平同志 1978 年 12 月 13 日在中央工作会议闭幕会上发表著名的《解放思想，实事求是，团结一致向前看》的讲话时说：“毛泽东同志在长期革命斗争中立下的伟大功勋是永远不可磨灭的。回想在一九二七年革命失败以后，如果没有毛泽东同志的卓越领导，中国革命有极大的可能到现在还没有胜利，那样，中国各族人民就还处在帝国主义、封建主义、官僚资本主义的反动统治之下，我们党就还在黑暗中苦斗。所以说没有毛主席就没有新中国，这丝毫不是什么夸张。”1980 年 8 月，他在接受意大利记者奥琳埃娜·法拉奇访谈时说：“没有毛主席，至少我们中国人民还要在黑暗中摸索更长的时间。”

周恩来同志 1949 年 5 月 7 日在中华全国青年第一次代表大会上作报告时说：“毛主席是从几千年的历史经验教训、近百年的革命运动、近三十年来的直接奋斗中生长出来的人民领袖。”刘少奇同志 1945 年 5 月 14 日至 15 日在党的七大上作关于修改党章的报告时说：我们的党“已经是一个有了自己伟大领袖的党。这个领袖，就是我们党和现代中国革命的组织者与领导者——毛泽东同志。我们的毛泽东同志，是我国英勇无产阶级的杰出代表，是我们伟大民族的优秀传统的杰出代表”。“不只是中国有史以来最伟大的革命家和政治家，而且是中国有史以来最伟大的理论家和科学家，他不但敢于率领全党和全体人民进行翻天覆地的战斗，而且具有最高的理论上的修养和最大的理论上的勇气。”“由于毛泽东同志是这样从人民群众的革命斗争中产生出来的人物，并在伟大的中国革命斗争中经过了三十余年的历史考验，他已为我们全党和全国广大人民所熟悉，他之成为我们党和中国民族与中国人民的领袖，正是我们全党和全国广大人民所审慎选择的结果。”1948 年 7 月 1 日，他在纪念“七一”干部会议的主题讲话中说：“我们党已经有了领袖。在十年内战时期，我们所以有分裂的危险，就是党的领袖还没有形成。现在以毛主席为领袖。我们党到现在是完全成熟的，老练的，我们渡过了十年内战时期的危险，克服了十年内战时期的错误，克服了大革命时期的错误，我们正在走向胜利。”朱德同志 1942 年 12 月在中央西北局高级干部会议上说：“我们党在二十多年奋斗中已经产生了自己的领袖，这就是毛泽东同志，这是在历史过程中锻炼出来的，不但在中国，而且世界上都承认他是中国共产党的领袖。”1950 年 5 月，他在中央直属系统党、政、军、群各级党的纪律检查委员联席会议上又说：“在我们党方面，如果没有毛泽东同志的正确领导，如果没有毛泽东思想的指导而不断地纠正了各方面的缺点和错误，就不能使党和人民革命事业得到如此迅速而巨大的发展，则胜利的获得也同样地是很难想象的。”陈云同志 1942

年 1 月出席党中央举办的新年团拜会讲话时说：中国共产党已成立 20 多年，经历了各种严峻考验，有成功，有失败。现在看来，最大的成绩就是我们培养出了一个领袖，我们选择了这个领袖，他就是毛泽东同志。1940 年 3 月抗日战争期间，著名的爱国华侨陈嘉庚先生率南洋华侨回国慰劳考察团到抗战大后方和战区进行慰问考察，受毛泽东同志电邀访问延安。陈嘉庚在延安进行了为时 8 天的参观访问，受到延安党政军民的热烈欢迎。陈嘉庚在后来谈及自己的访问感想时，说了一个很重要的看法。他说：“我未往延安时，对中国前途甚为悲观，以为中国的救星尚未出世，或还在学校读书。其实此人已经四五十岁了，而且已做了很多大事了，此人现在延安，他就是毛主席。”延安时期，陕北人民给毛泽东同志送了一个匾额，上面写着“人民救星”，这是人民发自内心的呼声。国民党高官陈铭枢 1949 年与美国驻中国大使司徒雷登会晤时曾提到毛泽东。他说：“这真是一位人民领袖。”“可以说，如果你脱离人民，你就见不到毛泽东。毛泽东就是人民。同样，如果你脱离人民，你也见不到中共。中共就是人民。”

我们党在新民主主义革命时期 28 年的历史，以遵义会议划线，可以分为前 14 年和后 14 年。前 14 年，我们党还不成熟，没有形成坚强的领导集体和领导核心，革命不断遭受挫折。后 14 年，我们党形成了以毛泽东同志为核心的党中央，革命事业就从此不断从胜利走向更大的胜利。

2. 党的七大和毛泽东思想在全党指导地位的确立

毛泽东同志是马克思主义中国化的伟大开拓者。在新民主主义革命时期，以毛泽东同志为主要代表的中国共产党人，把马克思列宁主义基本原理同中国具体实际相结合，对经过艰苦探索、付出巨大牺牲积累的一系列独创性经验作了理论概括，开辟了农村包围城市、武装夺取政权的正确革命道路，创立了毛泽东思想，为夺取新民主主义革命胜利指明了正确方向。毛泽东思想从大革命时期开始萌芽，在土地革命战争时期得到发展，到全民族抗战时期趋于成熟。早在 1927 年 8 月，毛泽东同志在八七会议上就提出了“枪杆子里面出政权”的著名论断。他在会议上发言说：“以后要非常注意军事。须知政权是由枪杆子中取得的。”在这个时期，他写下了《井冈山的斗争》《中国的红色政权为什么能够存在?》《星星之火，可以燎原》《反对本本主义》等著作。从1935年到1938年底，毛泽东同志先后发表了《论反对日本帝国主义的策略》《中国革命战争的战略问题》《实践论》《矛盾论》《论新阶段》《论持久战》等著作。这些重要著作，运用马克思主义的基本原理，结合中国革命的具体实践，科学地总结了土地革命战争时期党的政治路线、军事路线、思想路线、组织路线，剖析了主观主义尤其是以教条主义为主要特征的“左”倾冒险主义的表现、危害及其产生的思想根源，系统地阐明了马克思主义的世界观、战争观和方法论，揭示了指导中国革命和中国革命战争的基本规律、基本战略和策略，为全党进入全民族抗战的新阶段作了极为重要的思想理论准备。1939年至1940年，毛泽东同志又接连发表了《〈共产党人〉发刊词》《中国革命和中国共产党》《新民主主义论》等著作，全面地系统地提出了新民主主义的政治纲领、经济纲领和文化纲领，为我们党取得新民主主义革命的胜利，指明了前进的方向。

被誉为“延安五老”之一的吴玉章曾回忆说：“《论持久战》的发表，使毛泽东赢得了全党同志发自内心的、五体投地的赞许、佩服甚至崇拜，从而最终确立了在党内无可替代的领袖地位和崇高威望。”虽然遵义会议事实上确立了毛泽东同志在党中央和红军的领导地位，但并不十分巩固。许多来自各地的革命家自觉不自觉地将毛泽东看作是革命的后来者、小字辈。喝过“洋墨水”的教条主义者们认为，毛泽东的马克思主义理论修养不足，内心并不服气。《论持久战》的发表，毛泽东同志以他对马克思主义哲学的娴熟运用和对抗日战争的透彻分析，征服了全党同志特别是高级干部的心。全党感到党10多年曲折斗争的历史，终于锻造并筛选出自己的领袖。这种感情上对毛泽东领袖地位的认同和拥戴，与一般的组织安排绝不可同日而语。

毛泽东同志在理论创新方面所取得的巨大成就和卓越建树，不仅解决了当时中国共产党人所面临的诸多实际问题，极大地丰富和发展了马克思主义理论，而且以实际行动为全党树立了理论创新的光辉典范，也无情地驳斥了那些自称为马克思主义理论家的教条主义者们在中央苏区时提出的所谓“狭隘经验论”和“山沟沟里没有马克思主义”的论调，为后来最终战胜王明“左”倾教条主义、取得延安整风的成功从理论上思想上作了充分准备。

1945 年 4 月 23 日，党的七大在延安杨家岭中央大礼堂开幕。这次大会，是在抗战胜利前夜召开的，负有总结以往的革命经验、迎接抗战胜利和引导中国走向光明前途的任务。大会的一项重要成果就是对毛泽东思想进行系统总结和概括，确立了毛泽东思想在全党的指导地位。党的七大通过的党章规定：中国共产党，以马克思列宁主义的理论与中国革命的实践之统一的思想——毛泽东思想，作为自己一切工作的指针，反对任何教条主义的或经验主义的偏向，这就使全党有了在政治上、思想上取得一致的牢固的理论基础。刘少奇同志在党的七大修改党章的报告中指出：“我们的大会应该热烈庆祝：在中国共产党产生以来，产生了、发展了我们这个民族的特出的、完整的关于中国人民革命建国的正确理论。这个理论，已经指导我们党与我国人民得到了极大的胜利，并将继续指导我们党与我国人民得到最后的、彻底的胜利和解放。这是我们党和我国人民在长期奋斗中最大的收获与最大的光荣，它将造福于我国民族至遥远的后代。”这个理论，就是毛泽东思想，就是“中国的马克思主义”。“这种理论只能由中国无产阶级的代表人创造出来，而其中最杰出最伟大的代表人，便是毛泽东同志。”

在新民主主义革命时期，在以毛泽东同志为核心的党的第一代中央领导集体的领导下，在毛泽东思想的指引下，党团结带领全国各族人民，取得了新民主主义革命的伟大胜利，建立了中华人民共和国，实现了民族独立、人民解放。

（二）从社会主义革命和建设时期看“两个确立”

社会主义革命和建设时期，是从 1949 年 10 月中华人民共和国成立到 1978 年 12 月党的十一届三中全会召开，共 29 年。这个时期党面临的主要任务是，实现从新民主主义到社会主义的转变，进行社会主义革命，推进社会主义建设，为实现中华民族伟大复兴奠定根本的政治前提和制度基础。从社会主义革命和建设时期看“两个确立”，就是回顾，以毛泽东同志为核心的党的第一代中央领导集体是怎样领导党和人民探索中国自己的社会主义建设道路的，马克思主义中国化的第一个理论创新成果毛泽东思想在这个时期是如何丰富发展的，从而受到历史启迪。

1. 在党的八届一中全会上毛泽东同志继续当选为中共中央主席

1956年9月，我们党召开八大。党的八大是我们党在全国执政后召开的第一次全国代表大会。这次大会在党的历史上是一次具有重大意义的大会，也是一次显示了党的团结和党的事业兴旺发达、开得十分成功的大会。大会的主要任务是：“总结从七次大会以来的经验，团结全党，团结国内外一切可能团结的力量，为了建设一个伟大的社会主义的中国而奋斗。”大会选举产生了新一届中央委员会。在党的八届一中全会上，毛泽东同志继续当选为中共中央主席。此后，在社会主义革命和建设时期，在1969年4月召开的党的九届一中全会上，在1973年8月召开的党的十届一中全会上，毛泽东同志都连续当选为中共中央主席。从遵义会议开始形成以毛泽东同志为核心的党的第一代中央领导集体，到1976年9月9日毛泽东同志逝世为止，在长达几十年的时间里，毛泽东同志一直是我们党的领导核心。对于毛泽东同志为党、国家、人民和民族作出的伟大贡献，党和人民永远铭记在心。全党、全国各族人民发自内心地热爱毛泽东同志、拥护毛泽东同志。

新中国成立后，以毛泽东同志为核心的党的第一代中央领导集体团结带领全国各族人民，迅速医治战争创伤，恢复国民经济，调整社会关系，抵御帝国主义的侵略，打赢抗美援朝战争，彰显大国地位，巩固各族人民的团结，并不失时机地提出党在过渡时期的总路线，进行“一化三改”，推进社会主义革命，创造性地完成了由新民主主义向社会主义的转变。新民主主义革命的胜利，社会主义制度的建立，消灭了一切剥削制度，为我国一切进步和发展奠定了重要基础。实现了中华民族有史以来最为广泛而深刻的社会变革，实现了一穷二白、人口众多的东方大国大步迈进社会主义社会的伟大飞跃。

在中国共产党的领导下，我国各族人民意气风发地投身于中国历史上从来不曾有过的热气腾腾的社会主义建设。在不长的时间里，我国社会就发生了翻天覆地的变化，建立起独立的比较完整的工业体系和国民经济体系，独立研制出“两弹一星”，成为在世界上有重要影响的大国，积累起在中国这样一个社会生产力水平十分落后的东方大国进行社会主义建设的重要经验。

由于种种原因，遗憾的是，我们党在探索自己的社会主义建设道路的过程中，党的八大形成的正确路线未能完全坚持下去，先后出现“大跃进”运动、人民公社化运动等错误，反右派斗争也被严重扩大化。面对当时严峻复杂的外部环境，党极为关注社会主义政权巩固，为此进行了多方面努力。然而，毛泽东同志在关于社会主义社会阶级斗争的理论和实践上的错误发展得越来越严重，党中央未能及时纠正这些错误。毛泽东同志对当时我国阶级形势以及党和国家政治状况作出完全错误的估计，发动和领导了“文化大革命”，林彪、江青两个反革命集团利用毛泽东同志的错误，进行了大量祸国殃民的罪恶活动，酿成十年内乱，使党、国家、人民遭到新中国成立以来最严重的挫折和损失，教训极其惨痛。

在这里需要特别指出的是，在长达十年的“文化大革命”中，我们的党、国家、军队没有变质，我们党最终能够粉碎林彪、江青两个反革命集团，这与毛泽东同志的亲自领导和奠定的基础是分不开的。林彪反革命集团就是在毛泽东同志的亲自领导下粉碎的。对于江青反革命集团，也是毛泽东同志首先指出了“四人帮”搞宗派的问题，为粉碎“四人帮”

奠定了政治基础。正如邓小平同志指出的那样：“在‘文化大革命’以前很长的历史中，不管我们党犯过这样那样的错误，不管其成员有这样那样的变化，始终保持了以毛泽东同志为核心的领导集体。这就是我们党第一代的领导。”这是领导党和人民事业不断前进的根本保证。“因为有毛主席作领导核心，‘文化大革命’就没有把共产党打倒。”这是中国共产党遭受这样长时间、大范围的破坏而不倒，并最终依靠自身力量结束这场浩劫的一个重要原因。

2.“第二次结合”和毛泽东思想的丰富发展

社会主义制度建立以后，如何在中国建设社会主义，是党面临的崭新课题。毛泽东同志对适合中国情况的社会主义建设道路进行了艰苦探索。他以苏联的经验教训为鉴戒，提出要创造新的理论、写出新的著作，把马克思列宁主义基本原理同中国社会主义革命和建设的具体实际“进行第二次结合”，“从各方面考虑如何按照中国的情况办事”，找出在中国进行社会主义革命和建设的正确道路，制定把我国建设成为一个强大的社会主义国家的战略思想。

在这个时期，毛泽东同志经过探索和思考，形成了《论十大关系》《关于正确处理人民内部矛盾的问题》等重要思想成果，丰富发展了毛泽东思想。毛泽东同志提出了关于社会主义建设的一系列重要思想，包括社会主义社会是一个很长的历史阶段，严格区分和正确处理敌我矛盾和人民内部矛盾，正确处理我国社会主义建设的十大关系，走出一条适合我国国情的工业化道路，尊重价值规律，在党与民主党派的关系上实行“长期共存、互相监督”的方针，在科学文化工作中实行“百花齐放、百家争鸣”的方针等。这些创造性理论成果至今仍具有重要的指导意义。

毛泽东思想是马克思列宁主义在中国的创造性运用和发展，是被实践证明了的关于中国革命和建设的正确的理论原则和经验总结，是马克思主义中国化的第一次历史性飞跃。毛泽东思想的活的灵魂是贯穿于其各个组成部分的立场、观点、方法，体现为实事求是、群众路线、独立自主三个基本方面，为党和人民事业发展提供了科学指引。邓小平同志在改革开放新时期曾指出：“没有毛泽东思想，就没有今天的中国共产党，这也丝毫不是什么夸张。毛泽东思想永远是我们全党、全军、全国各族人民的最宝贵的精神财富。我们要完整地准确地理解和掌握毛泽东思想的科学原理，并在新的历史条件下加以发展。当然，毛泽东同志不是没有缺点、错误的，要求一个革命领袖没有缺点、错误，那不是马克思主义。我们要领导和教育全体党员、全军指战员、全国各族人民科学地历史地认识毛泽东同志的伟大功绩。”我们党在探索过程中，虽然经历了严重曲折，但党在社会主义革命和建设中取得的独创性理论成果和巨大成就，为在新的历史时期开创中国特色社会主义提供了宝贵经验、理论准备、物质基础。

毛泽东同志为中国新民主主义革命的胜利、社会主义革命的成功、社会主义建设的全面展开，为实现中华民族独立和振兴、中国人民解放和幸福，作出了彪炳史册的贡献。毛泽东同志毕生最突出最伟大的贡献，就是领导我们党和人民找到了新民主主义革命的正确道路，完成了反帝反封建的任务，建立了中华人民共和国，确立了社会主义制度，取得了社会主义建设的巨大成就，并为我们探索建设中国特色社会主义的道路积累了经验和提供了条件，为我们党和人民事业胜利发展、为中华民族大踏步赶上时代创造了条件，奠定了坚实的理论和实践基础。

（三）从改革开放和社会主义现代化建设新时期看“两个确立”

改革开放和社会主义现代化建设新时期，是从1978年12月党的十一届三中全会召开到2012年11月党的十八大召开，共34年。这个时期党面临的主要任务是，继续探索中国建设社会主义的正确道路，解放和发展社会生产力，使人民摆脱贫困、尽快富裕起来，为实现中华民族伟大复兴提供充满新的活力的体制保证和快速发展的物质条件。从改革开放和社会主义现代化建设新时期看“两个确立”，就是回顾，我们党的第二代中央领导集体的核心邓小平同志的领导地位是如何确立的，党的第三代中央领导集体的核心江泽民同志的领导地位是如何确立的，中共中央总书记胡锦涛同志的领导地位是如何确立的；邓小平理论是如何创立的，“三个代表”重要思想是如何形成的，科学发展观是如何形成的，中国特色社会主义理论体系的形成是怎样实现了马克思主义中国化新的飞跃的，从而受到历史启迪。

1. 党的十一届三中全会标志着邓小平同志成为党的第二代中央领导集体的核心

邓小平同志是伟大的马克思主义者，伟大的无产阶级革命家、政治家、军事家、外交家，久经考验的共产主义战士，中国社会主义改革开放和现代化建设的总设计师，邓小平理论的主要创立者。邓小平同志早年赴欧洲勤工俭学，并在那里成为中国共产党党员。在土地革命战争时期，他在广西发动武装起义，与其他同志一起创建红七军、红八军和左右江革命根据地。1934 年参加长征。在抗日战争中，他先后任一二九师政治委员和中央北方局太行分局书记，代理北方局书记，主持八路军总部的工作。在党的七大上，被选为中央委员。在解放战争中，先后任晋冀鲁豫军区政治委员、中央中原局第一书记、中原野战军政治委员，中原野战军、华东野战军总前委书记，中央华东局第一书记等。新中国成立后，邓小平同志领导了西南地区的政权建设、社会改造和经济恢复，不久就参加中央领导工作，先后担任中共中央秘书长、中央政治局委员。在党的八届一中全会上，当选为中央政治局常委、中央总书记，成为以毛泽东同志为核心的党的第一代中央领导集体的重要成员。“文化大革命”中，邓小平同志受到了错误批判和斗争，被剥夺一切职务。他于1973年复出，1975年担任中共中央副主席、国务院副总理、中央军委副主席、中国人民解放军总参谋长，主持党、国家和军队的日常工作。不久，由于同“四人帮”进行针锋相对的斗争，他再次被错误地撤职、批判。1977年再度恢复被撤销的全部职务。1978年12月党的十一届三中全会召开，这次全会“标志着邓小平同志成为党的第二代中央领导集体的核心”。

邓小平同志在党的历史上，既没有担任过中共中央主席，也没有担任过党的十二大后设立的中共中央总书记。那么，为什么说党的十一届三中全会“标志着邓小平同志成为党的第二代中央领导集体的核心”呢？这要从当时的情况说起。从党的历史的实际情况看，从党的十一届三中全会开始，邓小平同志实际上已经成为党的中央领导集体的核心。党中央作出这个决定，有一个特殊的历史背景，我们需要详细予以叙述。邓小平同志是党的第一代中央领导集体的重要成员，长期担任党和国家重要领导职务，但在“文化大革命”中被打倒。“文化大革命”末期，邓小平同志复出，在毛泽东、周恩来等同志的支持下，他主持党中央、国务院和中央军委的日常工作，大刀阔斧地进行了各个方面、各项领域的治理整顿，取得显著成效，得到了广大人民群众的拥护和支持，也获得党内外高度赞誉。后来在所谓“反击右倾翻案风”中，他再次被打倒。1976 年 10 月粉碎“四人帮”，“文化大革命”结束后，“中国向何处去”的问题成为摆在中国人民面前的头等大事。在这一紧要关头，再次复出工作的邓小平同志，顺应时代潮流，满足人民愿望，在党和人民的支持下，以非凡的勇气和胆略挑起拨乱反正的重担，迅速打开了党和人民事业发展的新局面。按照邓小平同志的资历、能力和在党内外、国内外的威望以及影响，都应该是邓小平同志担任中共中央主席或中共中央总书记。但是他为什么没有担任呢？原因是，邓小平同志以马克思主义政治家的战略眼光、博大胸怀，为了党和国家的长治久安，为了党和人民事业的长远发展，考虑培养年轻同志担当重任而主动让贤。1980 年 11 月 19 日，中央政治局召开会议，研究讨论党的十一届六中全会的议题，其中涉及中央领导核心的调整问题。会上，时任中央政治局常委、中央书记处书记、中央委员会总书记的胡耀邦同志有一个发言，说明了整个事情的原委和过程。他说：“我讲一点关于调整中央领导核心的意见。”“党的主席，按照全党、全国人民的心愿来说，应该是小平同志担任。这叫众望所归。这是不能含糊的。小平同志申述了由他当不好的理由，而且他同几位老同志都主张，也不由其他七十岁以上的老同志来担任，不只是他不担任，凡是七十岁以上的老同志都不担任，这确实是站得高、看得远、想得深，这确实是为党、为人民、为我们民族着想的一个大主张。”他接着说，党的主席“不管谁当，只要几位老同志健在，特别是小平同志，那是我们党的领导核心里面的核心人物”。“今后不管谁当主席，中央最高领导层的‘政治设计者’主要是小平同志。这个不是从资格上来看的，这是凭真本事的，包括经验、水平、党性、大局。这一点，我提议要向全党讲清楚，要在一个文件上正式讲清楚，使以后当主席的人心里踏实一点。”在党的十一届六中全会上，胡耀邦同志当选为中共中央主席，邓小平同志当选为中共中央军委主席。在党的十二大上，我们党改革党的领导体制，不再设立中共中央主席，党的最高领导人改设为中共中央总书记。我们说从党的十一届三中全会开始邓小平同志实际上已经成为党的中央领导集体的核心，是因为邓小平同志在历史转折的关头，发挥了决定性的作用。1978年12月，我们党召开的十一届三中全会是党的历史上一次十分重要的会议，这次全会重新确立了马克思主义的思想路线、政治路线、组织路线，实现了新中国成立以来党的历史上具有深远意义的伟大转折，开启了我国改革开放和社会主义现代化建设新时期。从这次全会开始，改革开放和中国特色社会主义建设的大幕拉开。这次全会之所以开得成功，与之前11月10日至12月15日召开的中央工作会议有关。中央工作会议开了36天，研究讨论了一系列有关党和国家未来发展的重大问题，形成了高度的共识，这就为党的十一届三中全会的胜利召开作了充分的准备。12月13日，邓小平同志在中央工作会议闭幕会上作了题为《解放思想，实事求是，团结一致向前看》的重要讲话，阐述了我国改革发展的一系列重大问题。这篇讲话是解放思想、开辟新时期新道路的宣言书，实际上成为随后召开的党的十一届三中全会的主题报告。党的十一届三中全会改变了党、国家和人民的前途命运。在这个历史转折的关头，正如老一辈革命家李先念同志说过的一句话，“没有小平同志，我们党就垮台了”。更不可能有以后中国改革开放和社会主义现代化建设翻天覆地的变化。党的十一届三中全会开始形成以邓小平同志为核心的党的第二代中央领导集体。邓小平同志后来指出：“党的十一届三中全会建立了一个新的领导集体，这就是第二代的领导集体。在这个集体中，实际上可以说我处在一个关键地位。”“第二代实际上我是核心，因为有这个核心，即使发生了两个领导人的变动，都没有影响我们党的领导，党的领导始终是稳定的。”“这几年我们出现了两个领导人更迭以及通货膨胀这样的问题，因为有个核心，解决起来就比较容易。”习近平总书记指出：“正是由于有邓小平同志的卓越领导，正是由于有邓小平同志大力倡导和全力推进的改革开放，中国特色社会主义才能欣欣向荣，中国人民才能过上小康生活，中华民族和中华人民共和国才能以新的姿态屹立于世界东方。”

2. 党的十五大和邓小平理论在全党指导地位的确立

党的十一届三中全会，既是邓小平同志作为党的第二代中央领导集体核心确立的开始，也是邓小平理论创立的开始。邓小平理论的创立有一个发展过程。我们党最早对中国特色社会主义道路基本点形成的比较系统的认识，主要体现在1981年6月党的十一届六中全会审议通过的《关于建国以来党的若干历史问题的决议》中。改革开放后，为了把全党全国人民的思想认识统一到党的十一届三中全会的路线方针政策上来，必须正确认识新中国成立以来党所走过的道路，科学总结党在这个时期的历史经验。这个决议除了对党在新民主主义革命的历史进行回顾外，主要是对新中国成立以来的历史作全面总结，尤其是对毛泽东同志和毛泽东思想作出科学评价，并且第一次对党的十一届三中全会以来党已经逐步确立的适合我国情况的社会主义现代化建设正确道路的主要点，作了十个方面的概括。这十个方面的内容，实质上就是初步提出了在中国建设什么样的社会主义和怎样建设社会主义的问题。1982年9月，邓小平同志在党的十二大开幕词中明确提出了“建设有中国特色的社会主义”的重大命题。这一重大命题成为指引新时期改革开放和社会主义现代化建设的伟大旗帜。1987年10月召开的党的十三大，从我国社会主义建设的阶段、任务、动力、条件、布局和国际环境等方面，对改革开放和现代化建设实践中形成和发展起来的一系列科学理论观点作了归纳和概括，使建设有中国特色的社会主义理论有了更清晰的轮廓。1992 年 10 月，党的十四大阐述了邓小平同志建设有中国特色社会主义理论，对这一理论的主要内容从发展道路、发展阶段、根本任务、发展动力、外部条件、政治保证、战略步骤、领导力量和依靠力量、祖国统一等九个方面作了概括。大会认为，这个理论，是在和平与发展成为时代主题的历史条件下，在我国改革开放和社会主义现代化建设的实践过程中，在总结我国社会主义胜利和挫折的历史经验并借鉴其他国家社会主义兴衰成败历史经验的基础上，逐步形成和发展起来的。它第一次比较系统地初步回答了中国这样的经济文化比较落后的国家如何建设社会主义、如何巩固和发展社会主义的一系列基本问题，用新的思想、观点继承和发展了马克思主义。邓小平同志是我国改革开放和社会主义现代化建设的总设计师，对建设有中国特色社会主义理论的创立作出了历史性的重大贡献。大会通过的党章修正案，写入了建设有中国特色社会主义的理论和党在社会主义初级阶段的基本路线。1997 年 9 月，党的十五大首次使用了“邓小平理论”这个概念，把这一理论作为指引党继续前进的旗帜，对邓小平理论的历史地位和指导意义作了深刻阐述。大会通过的党章修正案，把邓小平理论同马克思列宁主义、毛泽东思想一道确立为党必须长期坚持的指导思想并写入党章。实践证明，作为毛泽东思想的继承和发展的邓小平理论，是指导中国人民在改革开放中胜利实现社会主义现代化的正确理论。邓小平理论是当代中国的马克思主义，是马克思主义在中国发展的新阶段，是中国特色社会主义理论体系的开创和奠基之作。

在以邓小平同志为核心的党的第二代中央领导集体的领导下，在邓小平理论的指引下，党团结带领全国各族人民，大胆探索，勇于实践，成功开创了中国特色社会主义。党的十九届六中全会审议通过的《决议》，对以邓小平同志为核心的党的第二代中央领导集体在这一时期所作出的历史性贡献给予了这样一个评价：“党的十一届三中全会以后，以邓小平同志为主要代表的中国共产党人，团结带领全党全国各族人民，深刻总结新中国成立以来正反两方面经验，围绕什么是社会主义、怎样建设社会主义这一根本问题，借鉴世界社会主义历史经验，创立了邓小平理论，解放思想，实事求是，作出把党和国家工作中心转移到经济建设上来、实行改革开放的历史性决策，深刻揭示社会主义本质，确立社会主义初级阶段基本路线，明确提出走自己的路、建设中国特色社会主义，科学回答了建设中国特色社会主义的一系列基本问题，制定了到二十一世纪中叶分三步走、基本实现社会主义现代化的发展战略，成功开创了中国特色社会主义。”

3. 在党的十三届四中全会上江泽民同志当选为中共中央总书记

党和人民的事业是在排除各种干扰，克服各种困难，化解各种风险挑战中前进的。20 世纪 80 年代末 90 年代初，国际形势风云变幻，苏联解体、东欧剧变。由于国际上反共反社会主义的敌对势力的支持和煽动，国际大气候和国内小气候导致 1989 年春夏之交我国发生严重政治风波。1988 年末至 1989 年初，在北京、西安、长沙、成都等城市，极少数人利用党和政府工作中的失误和人民群众对物价上涨的焦虑，以及对一些党员干部中存在腐败现象的不满情绪，进行煽动反对共产党的领导、反对社会主义制度的活动。他们借机制造谣言，利用大小字报和标语指名攻击党和国家领导人，攻击党的领导和社会主义制度；蛊惑群众举行示威游行，北京发生了聚众冲击中共中央、国务院所在地中南海新华门的严重事件；一些不法分子进行了打、砸、抢、烧的犯罪活动。面对党和国家前途命运的严峻斗争，中央政治局在邓小平同志和其他老一辈革命家坚决有力的支持下，依靠人民，旗帜鲜明地反对动乱，于 1989 年 6 月 4 日采取果断措施，一举平息了北京地区的反革命暴乱。此后北京和其他大中城市很快恢复了正常秩序。动乱平息后，6 月 23 日至 24 日，党的十三届四中全会召开，江泽民同志在全会上当选为中共中央政治局常委、中共中央总书记。11 月，在党的十三届五中全会上决定为中央军事委员会主席。1990 年 3 月，在七届全国人大三次会议上当选为中华人民共和国中央军事委员会主席。党的十三届四中全会在我们党的历史上是一次非常重要的会议，它不仅对于进一步稳定全国局势具有重大作用，而且对于保证党的十一届三中全会以来党的路线方针政策的连续性，产生了深远影响。从党的十三届四中全会开始形成了以江泽民同志为核心的党的第三代中央领导集体。

江泽民同志1943年起参加地下党领导的学生运动，1946年4月加入中国共产党，1947年毕业于上海交通大学电机系。1980年后，任国家进出口管理委员会、国家外国投资管理委员会副主任兼秘书长、党组成员。1982年后，任电子工业部第一副部长、党组副书记，部长、党组书记。1985年后，任上海市市长，上海市委副书记、书记。1982年9月在党的十二大上当选为中央委员。1987年11月在党的十三届一中全会上当选为中央政治局委员。1989年5月31日邓小平同志同两位中央负责同志谈话时强调：动乱平息之后，我们确实有些事情要向人民作出交代。主要有两条：第一，要改换领导层。第二，要扎扎实实做几件事情，体现出我们是真正反对腐败，不是假的。关于改换领导层，他强调指出：“新的中央领导机构要使人民感到面貌一新，感到是一个实行改革的有希望的领导班子。这是最重要的一条。这是向人民亮相啊！人民是看实际的。如果我们摆一个阵容，使人民感到是一个僵化的班子，保守的班子，或者人民认为是个平平庸庸体现不出中国前途的班子，将来闹事的情形就还会很多很多，那就真正要永无宁日。”“我们组成的这个新的领导机构，眼界要非常宽阔，胸襟要非常宽阔，这是对我们第三代领导人最根本的要求。”他提出，新的领导班子建立后，“希望大家能够很好地以江泽民同志为核心，很好地团结。只要这个领导集体是团结的，坚持改革开放的，即使是平平稳稳地发展几十年，中国也会发生根本的变化。关键在领导核心。”6月16日，邓小平同志同几位中央负责同志谈话时又强调：“任何一个领导集体都要有一个核心，没有核心的领导是靠不住的。”“进入第三代的领导集体也必须有一个核心，这一点所有在座的同志都要以高度的自觉性来理解和处理。要有意识地维护一个核心，也就是现在大家同意的江泽民同志。开宗明义，就是新的常委会从开始工作的第一天起，就要注意树立和维护这个集体和这个集体中的核心。只要有一个好的政治局，特别是有一个好的常委会，只要它是团结的，努力工作的，能够成为榜样的，就是在艰苦创业反对腐败方面成为榜样的，什么乱子出来都挡得住。”11月12日，邓小平同志会见参加中央军委扩大会议全体同志时发表讲话，指出：“军委领导更换了人。我认为，确定以江泽民同志为核心的党中央，是我们全党做出的正确的选择。江泽民同志是合格的军委主席，因为他是合格的党的总书记。希望大家在以江泽民同志为核心的党中央的领导下，在以他为主席的中央军委的领导下，把我们军队建设得更好，为捍卫我们国家的独立和主权，捍卫我们国家的社会主义事业，捍卫我们党的十一届三中全会以来制定的一系列路线、方针、政策，做出更多更大的贡献。”此后，江泽民同志先后于 1992 年 10 月在党的十四届一中全会上继续当选为中共中央总书记，决定为中央军事委员会主席。1993 年 3 月在八届全国人大一次会议上当选为中华人民共和国主席、中华人民共和国中央军事委员会主席。1997 年 9 月在党的十五届一中全会上继续当选为中共中央总书记，决定为中央军事委员会主席。1998 年 3 月在九届全国人大一次会议上继续当选为中华人民共和国主席、中华人民共和国中央军事委员会主席。2002 年 11 月在党的十六届一中全会上决定为中央军事委员会主席，2003 年 3 月在十届全国人大一次会议上继续当选为中华人民共和国中央军事委员会主席。在十几年的时间里，江泽民同志牢记嘱托，不负众望，团结带领全党全国各族人民，锐意进取，开拓创新，使我国改革开放和社会主义现代化建设取得巨大成就。

4. 党的十六大和“三个代表”重要思想在全党指导地位的确立

党的十三届四中全会以后，世情、国情、党情发生了深刻变化，以江泽民同志为核心的党的第三代中央领导集体，科学分析国内外形势和党所处的历史方位，深入思考面临的新情况新问题，加深了对什么是社会主义、怎样建设社会主义和建设什么样的党、怎样建设党的认识，提出了许多新思想新观点，形成了“三个代表”重要思想。

2000 年 2 月，江泽民同志在广东考察工作时的讲话中提出了“三个代表”重要思想。他指出：“总结我们党七十多年的历史，可以得出一个重要结论，这就是：我们党所以赢得人民的拥护，是因为我们党在革命、建设、改革的各个历史时期，总是代表着中国先进生产力的发展要求，代表着中国先进文化的前进方向，代表着中国最广大人民的根本利益，并通过制定正确的路线方针政策，为实现国家和人民的根本利益而不懈奋斗。”他要求所有党员和领导干部，都要深刻认识和牢牢把握这“三个代表”，用以指导自己的思想和行动。2001 年 7 月，江泽民同志在庆祝中国共产党成立 80 周年大会上发表讲话，系统阐述了“三个代表”重要思想的科学内涵。他指出，我们党要始终代表中国先进生产力的发展要求，就是党的理论、路线、纲领、方针、政策和各项工作，必须努力符合生产力发展的规律，体现不断推动社会生产力的解放和发展的要求，尤其要体现推动先进生产力发展的要求，通过发展生产力不断提高人民群众的生活水平。我们党要始终代表中国先进文化的前进方向，就是党的理论、路线、纲领、方针、政策和各项工作，必须努力体现发展面向现代化、面向世界、面向未来的，民族的科学的大众的社会主义文化的要求，促进全民族思想道德素质和科学文化素质的不断提高，为我国经济发展和社会进步提供精神动力和智力支持。我们党要始终代表中国最广大人民的根本利益，就是党的理论、路线、纲领、方针、政策和各项工作，必须坚持把人民的根本利益作为出发点和归宿，充分发挥人民群众的积极性、主动性、创造性，在社会不断发展进步的基础上，使人民群众不断获得切实的经济、政治、文化利益。他强调，“三个代表”是相互联系、相互促进的统一整体。发展先进生产力，是发展先进文化、实现最广大人民根本利益的基础条件。人民群众是先进生产力和先进文化的创造主体，也是实现自身利益的根本力量。不断发展先进生产力和先进文化，归根到底都是为了满足人民群众日益增长的物质文化生活需要，不断实现最广大人民的根本利益。

“三个代表”要求，是我们党保持先进性、始终成为建设有中国特色社会主义坚强领导核心的基本要求，与马克思列宁主义、毛泽东思想、邓小平理论，坚持党的工人阶级先锋队性质和全心全意为人民服务的宗旨是一致的。全党同志一定要坚持把全面落实“三个代表”要求，统一于党的建设的各个方面，统一于党领导人民进行改革开放和社会主义现代化建设的全过程。2002 年 11 月，党的十六大召开，党的十六大报告全面阐述了“三个代表”重要思想的科学内涵和根本要求。大会指出，“三个代表”重要思想是在科学判断党的历史方位的基础上提出来的，是对马克思列宁主义、毛泽东思想和邓小平理论的继承和发展，反映了当代世界和中国的发展变化对党和国家工作的新要求，是加强和改进党的建设、推进社会主义制度自我完善和发展的强大理论武器，是全党集体智慧的结晶，是党必须长期坚持的指导思想。大会对全面贯彻“三个代表”重要思想提出了根本要求。指出，贯彻“三个代表”重要思想，关键是坚持与时俱进，核心是坚持党的先进性，本质是坚持执政为民。始终做到“三个代表”，是我们党的立党之本、执政之基、力量之源。大会通过的党章修正案，把“三个代表”重要思想同马克思列宁主义、毛泽东思想、邓小平理论一道确立为党必须长期坚持的指导思想并写入党章。党的十六大以后，党中央组织开展了一系列学习贯彻活动，使“三个代表”重要思想更加深入人心，有力地推动了党和国家各项事业的发展。

在以江泽民同志为核心的党的第三代中央领导集体的领导下，在“三个代表”重要思想的指引下，党团结带领全国各族人民，同心同德，奋力拼搏，成功把中国特色社会主义推向 21 世纪。党的十九届六中全会审议通过的《决议》，对以江泽民同志为核心的党的第三代中央领导集体在这一时期所作出的历史性贡献给予了这样一个评价：“党的十三届四中全会以后，以江泽民同志为主要代表的中国共产党人，团结带领全党全国各族人民，坚持党的基本理论、基本路线，加深了对什么是社会主义、怎样建设社会主义和建设什么样的党、怎样建设党的认识，形成了‘三个代表’重要思想，在国内外形势十分复杂、世界社会主义出现严重曲折的严峻考验面前捍卫了中国特色社会主义，确立了社会主义市场经济体制的改革目标和基本框架，确立了社会主义初级阶段公有制为主体、多种所有制经济共同发展的基本经济制度和按劳分配为主体、多种分配方式并存的分配制度，开创全面改革开放新局面，推进党的建设新的伟大工程，成功把中国特色社会主义推向二十一世纪。”

5. 在党的十六届一中全会上胡锦涛同志当选为中共中央总书记

2002年11月召开的党的十六大，是在跨入新世纪，我国进入全面建设小康社会、加快推进社会主义现代化的发展新阶段召开的一次十分重要的大会，是党在21世纪召开的第一次全国代表大会。大会的主题是：高举邓小平理论的伟大旗帜，全面贯彻“三个代表”重要思想，继往开来，与时俱进，全面建设小康社会，为加快推进社会主义现代化，开创中国特色社会主义事业新局面而奋斗。大会全面回顾了党的十五大以来5年的工作，系统总结了党的十三届四中全会以来13年奋斗历程和基本经验，对改革发展各项工作和党的建设作出全面部署。大会着眼于党的兴旺发达和国家长治久安，顺利实现了中央领导集体的新老交替。在党的十六届一中全会上，胡锦涛同志当选为中共中央总书记。从党的十六大开始形成了以胡锦涛同志为总书记的党中央。

胡锦涛同志 1964 年 4 月加入中国共产党，1965 年 7 月参加工作，毕业于清华大学水利工程系河川枢纽电站专业。1980 年后任甘肃省建委副主任，共青团甘肃省委书记。1982 年任共青团中央书记处书记，全国青联主席。1984 年任共青团中央书记处第一书记。1985 年任贵州省委书记，贵州省军区党委第一书记。1988 年任西藏自治区党委书记，西藏军区党委第一书记。1982 年 9 月在党的十二大上当选为中央候补委员。1985 年 9 月在党的全国代表会议上增选为中央委员。1987 年 11 月 1 日在党的十三大上当选为中央委员。1992 年 10 月在党的十四届一中全会上当选为中央政治局常委，任中央书记处书记。1997 年 9 月在党的十五届一中全会上继续当选为中央政治局常委，任中央书记处书记。1998 年 3 月在九届全国人大一次会议上当选为中华人民共和国副主席。1999 年 9 月在党的十五届四中全会上增补为中央军事委员会副主席。10 月在九届全国人大常委会第十二次会议上任命为中华人民共和国中央军事委员会副主席。2002 年 11 月在党的十六届一中全会上当选为中共中央总书记，决定为中央军事委员会副主席。2003 年 3 月在十届全国人大一次会议上当选为中华人民共和国主席、中华人民共和国中央军事委员会副主席。2004 年 9 月在党的十六届四中全会上决定为中央军事委员会主席。2005 年 3 月在十届全国人大三次会议上当选为中华人民共和国中央军事委员会主席。2007 年 10 月在党的十七届一中全会上继续当选为中共中央总书记，决定为中央军事委员会主席。2008 年 3 月在十一届全国人大一次会议上继续当选为中华人民共和国主席、中华人民共和国中央军事委员会主席。2004 年江泽民同志在退出中央军委主席职务时讲到，“党的总书记、国家主席、军委主席三位一体这样的领导体制和领导形式，对我们这样一个大党、大国来说，不仅是必要的，而且是最妥当的办法”，“锦涛同志是中央领导集体的领头人、班长，也是军委领导集体的领头人、班长。大家都要拥护党中央的决定，坚决支持他的工作”。胡锦涛同志从 1992 年到 2002 年，在中央政治局常委的领导岗位上工作了 10 年，得到了历练，积累了丰富的工作经验。从 2002 年到 2012 年，胡锦涛同志担任中共中央总书记也是 10 年。这 10 年是国际风云变幻、国内改革发展稳定任务繁重的10年，是经济得到快速发展的10年，也是风险挑战不断积累、不断增多的10年。以胡锦涛同志为总书记的党中央团结带领全党全国各族人民，抢抓机遇，负重前行，推动党和国家各项事业不断向前发展。

6. 党的十八大和科学发展观在全党指导地位的确立

新世纪新阶段，我国面临的发展机遇前所未有，面对的挑战也前所未有。在国际范围内，和平、发展、合作成为时代潮流，世界多极化和经济全球化趋势深入发展，科技进步日新月异。同时，国际形势复杂多变，综合国力竞争日趋激烈，影响和平与发展的不稳定不确定因素增多，我国仍将长期面临发达国家在经济科技等方面占据优势的压力。从国内看，经过新中国成立以来特别是改革开放以来的奋斗探索，我国社会主义现代化建设取得历史性成就。但是，我国依然处于并将长期处于社会主义初级阶段，人民日益增长的物质文化需要同落后的社会生产之间的矛盾仍然是我国社会的主要矛盾，已经达到的小康还是低水平、不全面、发展很不平衡的小康。特别是随着我国进入改革发展的关键时期，经济体制深刻变革，社会结构深刻变动，利益格局深刻调整，思想观念深刻变化，这种空前的变革和变化，给我国发展进步带来巨大活力，也必然带来这样那样的新问题。2003 年 2 月，正当全国各地区各部门贯彻落实党的十六大精神，推进各项工作的时候，一场突如其来的非典疫情暴发了。非典疫情对人民群众身体健康和生命安全构成严重威胁，给经济社会发展带来严重冲击。面对考验，党中央、国务院坚持把人民群众身体健康和生命安全放在第一位，作出一手抓防治非典不放松、一手抓经济建设中心不动摇的重大决策。4 月，胡锦涛同志在广东考察时提出要坚持全面发展观。8 月至 9 月，在江西考察时提出要牢固树立协调发展、全面发展、可持续发展的要求，明确使用了“科学发展观”的概念。10 月，党的十六届三中全会审议通过的《中共中央关于完善社会主义市场经济体制若干问题的决定》，第一次在党的正式文件中完整地提出了科学发展观，要求“坚持以人为本，树立全面、协调、可持续的发展观”，按照统筹城乡发展、统筹区域发展、统筹经济社会发展、统筹人与自然和谐发展、统筹国内发展和对外开放的要求，完善社会主义市场经济体制。2012 年 11 月，党的十八大召开，党的十八大对科学发展观的内涵和重大意义进行了深刻阐述。大会认为，科学发展观是马克思主义同当代中国实际和时代特征相结合的产物，是马克思主义关于发展的世界观和方法论的集中体现，开辟了当代中国马克思主义发展新境界。科学发展观是中国特色社会主义理论体系重要组成部分，是中国共产党集体智慧的结晶，是指导党和国家全部工作的强大思想武器。党的十八大通过的党章修正案，把科学发展观同马克思列宁主义、毛泽东思想、邓小平理论、“三个代表”重要思想一道确立为党必须长期坚持的指导思想并写入党章。科学发展观对新形势下实现什么样的发展、怎样发展等重大问题作出了新的科学回答，把党对中国特色社会主义规律的认识提高到新水平。

在以胡锦涛同志为总书记的党中央领导下，在科学发展观的指引下，党团结带领全国各族人民，聚精会神、埋头苦干，成功在新形势下坚持和发展了中国特色社会主义。党的十九届六中全会审议通过的《决议》，对以胡锦涛同志为总书记的党中央在这一时期所作出的历史性贡献给予了这样一个评价：“党的十六大以后，以胡锦涛同志为主要代表的中国共产党人，团结带领全党全国各族人民，在全面建设小康社会进程中推进实践创新、理论创新、制度创新，深刻认识和回答了新形势下实现什么样的发展、怎样发展等重大问题，形成了科学发展观，抓住重要战略机遇期，聚精会神搞建设，一心一意谋发展，强调坚持以人为本、全面协调可持续发展，着力保障和改善民生，促进社会公平正义，推进党的执政能力建设和先进性建设，成功在新形势下坚持和发展了中国特色社会主义。”

在改革开放和社会主义现代化建设新时期，我们党把马克思主义基本原理同我国改革开放实际和时代特征相结合，推进马克思主义中国化时代化，先后创立和形成了邓小平理论、“三个代表”重要思想、科学发展观这一系列重大理论创新成果。党的十七大对这些理论创新成果进行了概括和归纳，将其提炼为中国特色社会主义理论体系新范畴。中国特色社会主义理论体系的形成，实现了马克思主义中国化新的飞跃。正是有包括邓小平理论、“三个代表”重要思想、科学发展观在内的中国特色社会主义理论体系的科学指引，有以邓小平同志为核心的党的第二代中央领导集体、以江泽民同志为核心的党的第三代中央领导集体、以胡锦涛同志为总书记的党中央的承前启后、继往开来的坚强领导，有全党全国各族人民的持之以恒、接续奋斗，改革开放和社会主义现代化建设取得了举世瞩目的伟大成就，我国实现了从生产力相对落后的状况到经济总量跃居世界第二的历史性突破，实现了人民生活从温饱不足到总体小康、奔向全面小康的历史性跨越，推进了中华民族从站起来到富起来的伟大飞跃。

三、从现实维度认识把握“两个确立”

党的十八大以来，中国特色社会主义进入新时代。新时代标注了党和国家的新的历史方位，它既是改革开放和社会主义现代化建设新时期的延伸，同时又是一个新的历史时期的开始。中国特色社会主义新时代从2012年11月党的十八大召开至今，已近10年。这个时期党面临的主要任务是，实现第一个百年奋斗目标，开启实现第二个百年奋斗目标新征程，朝着实现中华民族伟大复兴的宏伟目标继续前进。从现实维度认识把握“两个确立”，就是要深刻认识习近平同志作为党中央的核心、全党的核心地位是如何确立的，习近平新时代中国特色社会主义思想是如何创立的，怎样实现了马克思主义中国化新的飞跃，党作出“两个确立”具有决定性意义的重大政治论断和历史结论的依据是什么。

（一）党的十八大和开创中国特色社会主义新时代

1. 在党的十八届一中全会上习近平同志当选为中共中央总书记

2012年11月，党的十八大召开。党的十八大是我们党的历史上一次十分重要的代表大会，这次大会顺利实现了党中央的领导集体的新老交替。在党的十八届一中全会上习近平同志当选为中共中央总书记，决定为中央军事委员会主席。从党的十八大开始形成了以习近平同志为核心的党中央。

习近平同志1969年1月在陕西省延川县文安驿公社梁家河大队上山下乡，担任大队党支部书记。1974年1月加入中国共产党。毕业于清华大学人文社会学院马克思主义理论与思想政治教育专业，在职研究生学历，法学博士学位。1979年在国务院办公厅、中央军委办公厅任秘书（现役）。1982年至1985年，先后在河北省正定县担任县委副书记、书记，县武装部第一政委、党委第一书记。1985年任福建省厦门市委常委、副市长。1988年任福建省宁德地委书记、宁德军分区党委第一书记。1990年任福建省福州市委书记、市人大常委会主任、福州军分区党委第一书记。1993年任福建省委常委。1995年任福建省委副书记。1996年任福建省高炮预备役师第一政委。1999年任福建省代省长，同时任南京军区国防动员委员会副主任、福建省国防动员委员会主任。2000年任福建省省长。2002年先后任浙江省委副书记、代省长，省委书记，南京军区国防动员委员会副主任、浙江省国防动员委员会主任。2003年任浙江省人大常委会主任、浙江省军区党委第一书记。2007年任上海市委书记、上海警备区党委第一书记。

1997年9月在党的十五大上当选为中央候补委员。2002年11月在党的十六大上当选为中央委员。2007年10月在党的十七届一中全会上当选为中央政治局常委，任中央书记处书记。2008年3月在十一届全国人大一次会议上当选为中华人民共和国副主席。2010年10月在党的十七届五中全会上增补为中央军事委员会副主席，在十一届全国人大常委会第十七次会议上决定为中华人民共和国中央军事委员会副主席。2012年11月在党的十八届一中全会上当选为中共中央总书记，决定为中央军事委员会主席。2013年3月在十二届全国人大一次会议上当选为中华人民共和国主席、中华人民共和国中央军事委员会主席。2017 年 10 月在党的十九届一中全会上继续当选为中共中央总书记，决定为中央军事委员会主席。2018 年 3 月在十三届全国人大一次会议上继续当选为中华人民共和国主席、中华人民共和国中央军事委员会主席。

习近平同志的从政经历遍及村、县、市（地）、省（直辖市）和中央党政军主要岗位。他的第一个职务是大队（行政村）党支部书记，这是中国共产党组织体系中最基础的层级。从这里开始起步，从村里到县里，从县里到市里，从市里到省里，从省里到中央，中国政治治理体系架构的几个层级他都经历过。从西到东，从北到南，从陕西到北京，从河北到福建，从浙江到上海，从西部贫困地区到国家政治文化中心，从东部欠发达地方到沿海发达地区，在中国经济区划的东部和西部两大区域工作生活过。习近平同志生在新社会，长在红旗下，受到党的阳光雨露的哺育，受到革命家庭老一辈革命家的教育，受到中华民族优秀传统文化的熏陶，受到革命文化、社会主义先进文化的培育，受到广大劳动人民群众的影响，是在新中国成立后出生的首位党的最高领导人。2012 年 11 月，党的十八届一中全会一结束，他在党的十八届中央政治局常委同中外记者见面时就郑重宣示：“人民对美好生活的向往，就是我们的奋斗目标。”他把新的中央领导集体的使命概括为三个责任：对民族的责任、对人民的责任、对党的责任。这给广大人民群众留下深刻难忘的印象。2014 年 2 月，他在接受俄罗斯电视台专访时，概括自己的执政理念就是“为人民服务，担当起该担当的责任”。其实，从习近平同志的从政经历中，我们可以看到，早在 1969 年他在陕北上山下乡插队的时候，就立下了为人民服务的志愿。他后来在担任省委书记接受新闻媒体记者采访时曾说，在陕北最大的收获有两点：“一是我懂得了什么叫实际，什么叫实事求是，什么叫群众。这是让我获益终生的东西。二是培养了我的自信心。”“陕北高原给了我一个信念，也可以说是注定了我人生过后的轨迹。经过了陕北这一堂人生课堂，就注定了我今后要做什么，它教了我做什么。”2015 年 2 月 13 日，他回梁家河探望乡亲们时深情地说：“我人生第一步所学到的都是在梁家河获得。不要小看梁家河，这是有大学问的地方。”习近平同志在正定时曾对部下说过这样的话：“只想着过舒适的生活，是平庸的追求。我是准备入‘苦海’的。”在厦门工作时，他曾在一次组织生活会上说：“我来厦门工作，用孙中山先生‘不要立志做大官，而要立志做大事’来勉励自己。”

党的十八届一中全会选举习近平同志为中共中央总书记，党的十八届六中全会确立习近平同志党中央的核心、全党的核心地位，从杰出人物、伟大人物发扬历史主动精神，顺应历史潮流，代表人民意愿，推动历史前进的特殊作用上讲，对党的十八大以来中国特色社会主义进入新时代，具有重大意义。我们可以说，从党的十八大开始形成了以习近平同志为核心的党中央。虽然，在党的十八届一中全会上习近平同志被选举为中共中央总书记，其后有一段时间的提法是“以习近平同志为总书记的党中央”，而“以习近平同志为核心的党中央”的提法是在党的十八届六中全会才正式提出来的。但在形式上讲，这只是一个组织程序问题。从实质上讲，党的十八大以来，党和国家事业取得历史性成就、发生历史性变革，党的面貌、国家的面貌、人民的面貌、军队的面貌、中华民族的面貌发生了前所未有的变化，中国特色社会主义进入新时代。事实上，习近平同志作为党中央的核心、全党的核心地位，是从党的十八大开始的，中国特色社会主义新时代也是以党的十八大作为起点的。

2. 中国特色社会主义进入新时代

中国特色社会主义进入新时代，这个新时代具有什么样的特征呢？党的十九大报告和党的十九届六中全会审议通过的《决议》都对这个特征有完整准确的表述。这就是：这是承前启后、继往开来、在新的历史条件下继续夺取中国特色社会主义伟大胜利的时代，是决胜全面建成小康社会、进而全面建设社会主义现代化强国的时代，是全国各族人民团结奋斗、不断创造美好生活、逐步实现全体人民共同富裕的时代，是全体中华儿女勠力同心、奋力实现中华民族伟大复兴中国梦的时代，是我国不断为人类作出更大贡献的时代。这是根据世界百年未有之大变局的形势得出的，是根据我国经济社会发展的阶段性特点得出的，是根据我国社会主要矛盾的变化得出的。新时代是一个新的历史方位。新时代既是改革开放和社会主义现代化建设新时期各项成就在量的积累上的结果，也是对改革开放和社会主义现代化建设新时期在质的方面的跃升。新时代与新时期紧密相连，它既是对新时期的继承和发展，同时又是一个新的历史发展阶段的开启。“两个确立”的决定性意义，是建立在新时代基础上的，是在新时代的背景下取得的，是以新时代为现实依据的。

3. 党的十八届六中全会确立习近平同志党中央的核心、全党的核心地位

党的十八大以来，以习近平同志为核心的党中央，以伟大的历史主动精神、巨大的政治勇气、强烈的责任担当，统筹国内国际两个大局，贯彻党的基本理论、基本路线、基本方略，统揽伟大斗争、伟大工程、伟大事业、伟大梦想，坚持稳中求进工作总基调，出台一系列重大方针政策，推出一系列重大举措，推进一系列重大工作，战胜一系列重大风险挑战，解决了许多长期想解决而没有解决的难题，办成了许多过去想办而没有办成的大事，推动党和国家事业取得历史性成就、发生历史性变革。在治国理政实践中，习近平同志以马克思主义政治家、思想家、战略家的恢弘气魄、远见卓识、雄韬伟略，从容驾驭各种复杂局面，有效应对国内外各种风险挑战，充分展现了卓越的政治智慧、坚强的战略定力、强烈的使命担当、深厚的为民情怀、高超的领导艺术，赢得了全党全军全国各族人民衷心拥护，受到国际社会高度

赞誉，成为众望所归、当之无愧的党的核心、人民领袖、军队统帅。在新时代的伟大斗争中，习近平同志成为党中央的核心、全党的核心。

2016 年 10 月，党的十八届六中全会召开。这次全会的主要议程是，中央政治局向中央委员会报告工作，研究全面从严治党重大问题，制定新形势下党内政治生活若干准则，修订《中国共产党党内监督条例（试行）》。全会审议通过了《关于新形势下党内政治生活的若干准则》和《中国共产党党内监督条例》，总结了我们党开展党内政治生活的历史经验，分析了全面从严治党面临的形势和任务。全会取得的最大政治成果，就是正式提出了“以习近平同志为核心的党中央”并写入会议文件。这是全党同志的强烈要求，是全国各族人民的热切期盼，是党内外一致的强烈呼声，是从上到下形成的高度共识，是党的十八大以来新鲜经验的总结，是推进党和国家事业发展、应对各种风险挑战的需要，是全面从严治党、提高党的创造力、凝聚力、战斗力的要求。确立习近平同志为党中央的核心、全党的核心，是关系党和人民根本利益的大事，是关系党中央权威、关系全党团结和集中统一的大事，是关系党和国家事业长远发展的大事。习近平同志成为党中央的核心、全党的核心，是在新的伟大斗争实践中形成的，赢得了全党全军全国各族人民衷心拥护。坚决维护党中央权威、保证全党令行禁止，是党和国家前途命运所系，是全国各族人民根本利益所在，也是加强和规范党内政治生活的重要目的。党的十八届六中全会正式提出“以习近平同志为核心的党中央”后，2017 年 2 月 4 日中央军委召开民生生活会，习近平总书记深情地说了一段话，听了以后感人心肺。他说：“党的十八届六中全会正式提出‘以习近平同志为核心的党中央’，大家谈了对这个问题的认识，是发自肺腑的，是对我的信任和支持。我在中央政治局民主生活会上讲，党中央的核心、全党的核心，对我来说就是责任，我要用毕生精力和全部生命来回报党和人民的信任，鞠躬尽瘁、死而后已，赴汤蹈火、万死不辞。”他接着说：“我说过，核心并不意味着无限权力、任性决策。对此，我始终是头脑清醒、态度如一的。我在军委第一次常务会议上就讲，一定要时刻以党和人民为念，以国家主权、安全、领土完整为念，以国防和军队建设为念，夙夜在公，恪尽职守，全力做好工作，决不辜负党和人民重托，决不辜负全军广大官兵期望。我将同军委的同志一道，依靠全军官兵，不断把军队建设推向前进。”

2017 年 10 月，党的十九大把“坚定维护以习近平同志为核心的党中央权威和集中统一领导”写入党章。党的十九大后，中央政治局审议通过《中共中央政治局关于加强和维护党中央集中统一领导的若干规定》。根据《规定》，中央政治局每年向党中央和习近平总书记书面述职一次，这成为加强和维护党中央集中统一领导的一项重要制度安排。2019 年 1 月，党中央印发《关于加强党的政治建设的意见》《中国共产党重大事项请示报告条例》，将“两个维护”确立为党的最重要的政治纪律和政治规矩。

（二）党的十九大和习近平新时代中国特色社会主义思想在全党指导地位的确立

1. 党的十九大和习近平新时代中国特色社会主义思想的科学内涵和指导意义

2017 年 10 月，党的十九大召开。党的十九大是在全面建成小康社会决胜阶段、中国特色社会主义进入新时代的关键时期召开的一次十分重要的大会。大会的主题是：不忘初心，牢记使命，高举中国特色社会主义伟大旗帜，决胜全面建成小康社会，夺取新时代中国特色社会主义伟大胜利，为实现中华民族伟大复兴的中国梦不懈奋斗。

大会把党的十八大以来党的理论创新成果明确概括为习近平新时代中国特色社会主义思想。大会审议通过了党章修正案，把习近平新时代中国特色社会主义思想同马克思列宁主义、毛泽东思想、邓小平理论、“三个代表”重要思想、科学发展观一道确立为党必须长期坚持的指导思想并写入党章。这是这次大会的一个重大历史贡献。

大会认为，党的十八大以来，国内外形势变化和我国各项事业发展都给我们提出了一个重大时代课题，这就是必须从理论和实践结合上系统回答新时代坚持和发展什么样的中国特色社会主义、怎样坚持和发展中国特色社会主义，包括新时代坚持和发展中国特色社会主义的总目标、总任务、总体布局、战略布局和发展方向、发展方式、发展动力、战略步骤、外部条件、政治保证等基本问题，并且要根据新的实践对经济、政治、法治、科技、文化、教育、民生、民族、宗教、社会、生态文明、国家安全、国防和军队、“一国两制”和祖国统一、统一战线、外交、党的建设等各方面作出理论分析和政策指导，以利于更好坚持和发展中国特色社会主义。围绕这个重大时代课题，我们党坚持以马克思列宁主义、毛泽东思想、邓小平理论、“三个代表”重要思想、科学发展观为指导，坚持解放思想、实事求是、与时俱进、求真务实，坚持辩证唯物主义和历史唯物主义，紧密结合新的时代条件和实践要求，以全新的视野深化对共产党执政规律、社会主义建设规律、人类社会发展规律的认识，进行艰辛理论探索，取得重大理论创新成果，创立了习近平新时代中国特色社会主义思想。

大会用“八个明确”从指导思想层面对这一思想进行了概括。这“八个明确”是：明确坚持和发展中国特色社会主义，总任务是实现社会主义现代化和中华民族伟大复兴，在全面建成小康社会的基础上，分两步走在本世纪中叶建成富强民主文明和谐美丽的社会主义现代化强国；明确新时代我国社会主要矛盾是人民日益增长的美好生活需要和不平衡不充分的发展之间的矛盾，必须坚持以人民为中心的发展思想，不断促进人的全面发展、全体人民共同富裕；明确中国特色社会主义事业总体布局是“五位一体”、战略布局是“四个全面”，强调坚定道路自信、理论自信、制度自信、文化自信；明确全面深化改革总目标是完善和发展中国特色社会主义制度、推进国家治理体系和治理能力现代化；明确全面推进依法治国总目标是建设中国特色社会主义法治体系、建设社会主义法治国家；明确党在新时代的强军目标是建设一支听党指挥、能打胜仗、作风优良的人民军队，把人民军队建设成为世界一流军队；明确中国特色大国外交要推动构建新型国际关系，推动构建人类命运共同体；明确中国特色社会主义最本质的特征是中国共产党领导，中国特色社会主义制度的最大优势是中国共产党领导，党是最高政治领导力量，提出新时代党的建设总要求，突出政治建设在党的建设中的重要地位。

大会用“十四个坚持”从实践贯彻落实层面对这一思想进行了概括。这“十四个坚持”是：坚持党对一切工作的领导；坚持以人民为中心；坚持全面深化改革；坚持新发展理念；坚持人民当家作主；坚持全面依法治国；坚持社会主义核心价值体系；坚持在发展中保障和改善民生；坚持人与自然和谐共生；坚持总体国家安全观；坚持党对人民军队的绝对领导；坚持“一国两制”和推进祖国统一；坚持推动构建人类命运共同体；坚持全面从严治党。这“十四个坚持”又构成了新时代坚持和发展中国特色社会主义的基本方略。

“八个明确”和“十四个坚持”共同构成了习近平新时代中国特色社会主义思想的科学内涵。习近平新时代中国特色社会主义思想的创立，实现了马克思主义中国化新的飞跃。

大会还阐述了这一思想的重要地位和重大意义。大会指出，习近平新时代中国特色社会主义思想，是对马克思列宁主义、毛泽东思想、邓小平理论、“三个代表”重要思想、科学发展观的继承和发展，是马克思主义中国化最新成果，是党和人民实践经验和集体智慧的结晶，是中国特色社会主义理论体系的重要组成部分，是全党全国人民为实现中华民族伟大复兴而奋斗的行动指南，必须长期坚持并不断发展。

2018 年 3 月召开的十三届全国人大一次会议通过的《中华人民共和国宪法修正案》，郑重地把习近平新时代中国特色社会主义思想载入宪法，确立这一思想在国家政治和社会生活中的指导地位，实现了国家指导思想的与时俱进，反映了全国各族人民共同意志和全社会共同意愿。

党的十九大后，在实践和发展中，又先后形成了习近平强军思想、习近平经济思想、习近平生态文明思想、习近平外交思想、习近平法治思想等，这些思想都是习近平新时代中国特色社会主义思想的重要组成部分。

2. 党的十九届六中全会和习近平新时代中国特色社会主义思想的丰富发展

2021 年 11 月，党的十九届六中全会召开。这次全会是在党成立 100 周年的重要历史时刻，在党领导人民胜利实现第一个百年奋斗目标、全面建成小康社会，正在向着全面建成社会主义现代化强国的第二个百年奋斗目标迈进的重大历史关头召开的。全会总结了党的百年奋斗的重大成就和历史经验，审议通过了《中共中央关于党的百年奋斗重大成就和历史经验的决议》。

《决议》根据新的实践和新的发展，特别是着眼于党的百年奋斗的光辉历程，对习近平新时代中国特色社会主义思想又进行了新的总结、新的概括和新的提炼。《决议》把以往表述的推进马克思主义中国化、进行党的理论创新的“一个结合”即坚持把马克思主义基本原理同中国具体实际相结合，拓展为“两个结合”，即坚持把马克思主义基本原理同中国具体实际相结合，同中华优秀传统文化相结合。《决议》指出，党的十八大以来，以习近平同志为主要代表的中国共产党人，坚持把马克思主义基本原理同中国具体实际相结合、同中华优秀传统文化相结合，坚持毛泽东思想、邓小平理论、“三个代表”重要思想、科学发展观，深刻总结并充分运用党成立以来的历史经验，从新的实际出发，创立了习近平新时代中国特色社会主义思想。“两个结合”的提出，表明我们党深化了对习近平新时代中国特色社会主义思想的理论基础和思想渊源的认识。

《决议》把以往表述的习近平新时代中国特色社会主义思想回答的新时代坚持和发展什么样的中国特色社会主义、怎样坚持和发展中国特色社会主义的“一个重大时代课题”，拓展为“三个重大时代课题”，即新时代坚持和发展什么样的中国特色社会主义、怎样坚持和发展中国特色社会主义，建设什么样的社会主义现代化强国、怎样建设社会主义现代化强国，建设什么样的长期执政的马克思主义政党、怎样建设长期执政的马克思主义政党等重大时代课题。《决议》指出，习近平同志对关系新时代党和国家事业发展的一系列重大理论和实践问题进行了深邃思考和科学判断，就新时代坚持和发展什么样的中国特色社会主义、怎样坚持和发展中国特色社会主义，建设什么样的社会主义现代化强国、怎样建设社会主义现代化强国，建设什么样的长期执政的马克思主义政党、怎样建设长期执政的马克思主义政党等重大时代课题，提出一系列原创性的治国理政新理念新思想新战略。“三个重大时代课题”的提出，表明我们党对习近平新时代中国特色社会主义思想创立的时代背景、历史条件的认识更加系统了，更加深刻了，更加全面了。

《决议》把以往在指导思想层面表述的“八个明确”的基本内涵拓展为“十个明确”。

一是明确中国特色社会主义最本质的特征是中国共产党领导，中国特色社会主义制度的最大优势是中国共产党领导，中国共产党是最高政治领导力量，全党必须增强“四个意识”、坚定“四个自信”、做到“两个维护”。这一条是把党的十九大报告中的第八个明确的“中国特色社会主义最本质的特征是中国共产党领导，中国特色社会主义制度的最大优势是中国共产党领导，党是最高政治领导力量”提前到这里，增写了“全党必须增强‘四个意识’、坚定‘四个自信’、做到‘两个维护’”的表述。

二是明确坚持和发展中国特色社会主义，总任务是实现社会主义现代化和中华民族伟大复兴，在全面建成小康社会的基础上，分两步走在本世纪中叶建成富强民主文明和谐美丽的社会主义现代化强国，以中国式现代化推进中华民族伟大复兴。这一条增写了“以中国式现代化推进中华民族伟大复兴”的表述。

三是明确新时代我国社会主要矛盾是人民日益增长的美好生活需要和不平衡不充分的发展之间的矛盾，必须坚持以人民为中心的发展思想，发展全过程人民民主，推动人的全面发展、全体人民共同富裕取得更为明显的实质性进展。这一条增写了“发展全过程人民民主”“取得更为明显的实质性进展”的表述。

四是明确中国特色社会主义事业总体布局是经济建设、政治建设、文化建设、社会建设、生态文明建设五位一体，战略布局是全面建设社会主义现代化国家、全面深化改革、全面依法治国、全面从严治党四个全面。这一条把“八个明确”中的“五位一体”“四个全面”的内容展开表述。这两个概念是第一次在《决议》里出现的，展开后可以更清晰地使人了解“五位一体”“四个全面”的详细内容。把坚定道路自信、理论自信、制度自信、文化自信概括为“四个自信”，并将其调写到第一个明确里，与增强“四个意识”、做到“两个维护”的表述并列。

五是明确全面深化改革总目标是完善和发展中国特色社会主义制度、推进国家治理体系和治理能力现代化。这一条是原有的，没有动。

六是明确全面推进依法治国总目标是建设中国特色社会主义法治体系、建设社会主义法治国家。这一条也是原有的，没有动。

七是明确必须坚持和完善社会主义基本经济制度，使市场在资源配置中起决定性作用，更好发挥政府作用，把握新发展阶段，贯彻创新、协调、绿色、开放、共享的新发展理念，加快构建以国内大循环为主体、国内国际双循环相互促进的新发展格局，推动高质量发展，统筹发展和安全。这一条是增加的，是新写的。

八是明确党在新时代的强军目标是建设一支听党指挥、能打胜仗、作风优良的人民军队，把人民军队建设成为世界一流军队。这一条是原有的，没有动。

九是明确中国特色大国外交要服务民族复兴、促进人类进步，推动建设新型国际关系，推动构建人类命运共同体。这一条增加了“服务民族复兴、促进人类进步”的表述，把原来表述的“推动构建新型国际关系”改为“推动建设新型国际关系”。

十是明确全面从严治党的战略方针，提出新时代党的建设总要求，全面推进党的政治建设、思想建设、组织建设、作风建设、纪律建设，把制度建设贯穿其中，深入推进反腐败斗争，落实管党治党政治责任，以伟大自我革命引领伟大社会革命。这一条保留了“提出新时代党的建设总要求”的表述，放在“十个明确”最后，增写了全面从严治党的内容，与明确党的领导的内容，前后首尾、相互呼应。

《决议》将“八个明确”拓展为“十个明确”，体现了党的十九大以来，习近平新时代中国特色社会主义思想在实践中的进一步丰富发展。“十个明确”是对习近平新时代中国特色社会主义思想的再概括、再提炼、再表述，是党对共产党执政规律、社会主义建设规律、人类社会发展规律认识深化和理论创新的重大成果。

《决议》充分肯定了习近平同志对创立习近平新时代中

国特色社会主义思想的决定性作用和决定性贡献。《决议》指出，习近平同志是习近平新时代中国特色社会主义思想的主要创立者。《决议》对习近平新时代中国特色社会主义思想的历史地位和重大意义，给予了高度评价。《决议》指出：“习近平新时代中国特色社会主义思想是当代中国马克思主义、二十一世纪马克思主义，是中华文化和中国精神的时代精华，实现了马克思主义中国化新的飞跃。”在以上四句话中，第一句、第二句、第四句，从党的十九大以后开始在党的各种会议和文件中提出并使用，并且一直用到全会召开前，这次全会第一次明确将其正式写入《决议》。第三句“是中华文化和中国精神的时代精华”，是《决议》对习近平新时代中国特色社会主义思想给予的新的评价，在党的全会文件中是首次出现。

（三）“两个确立”决定性意义的立论依据

党的十八大以来，党和国家事业取得了历史性成就、发生了历史性变革，究其原因是什么呢？全党全国各族人民都在认真总结思考。经过认真总结思考，全党全国各族人民一致认为，最根本的原因在于有习近平总书记作为党中央的核心、全党的核心掌舵领航，在于有习近平新时代中国特色社会主义思想的科学指引。这是历史的结论，这是全党全国各族人民的评判和裁定。《决议》从13个方面，对党的十八大以来，以习近平同志为核心的党中央团结带领全党全国各族人民，攻坚克难、砥砺奋进的伟大实践进行了系统总结，对党治国理政采取的重大方略、推进的重大工作、推出的重大举措进行了全面阐述，重点总结了其中的原创性思想、变革性实践、突破性进展、标志性成果。

这13个方面是：坚持党的全面领导、全面从严治党、经济建设、全面深化改革开放、政治建设、全面依法治国、文化建设、社会建设、生态文明建设、国防和军队建设、维护国家安全、坚持“一国两制”和推进祖国统一、外交工作。如果我们将《决议》中的13个方面与党的十九大报告中阐述的新时代坚持和发展中国特色社会主义的基本方略的“十四个坚持”作一对照，就会发现，《决议》的13个方面主要是从实践的过程来阐述的，党的十九大报告的“十四个坚持”是从方略角度来阐述的，13个方面是“十四个坚持”在实践领域的实施过程，同时13个方面也是“十个明确”

在实践领域的具体展开。

《决议》对13个方面中的每个方面的阐述，大体是按照这样一个框架结构、历史脉络和行文方式进行的，即交待和概述每个问题的时代背景、实践过程、时间顺序、逻辑关系、具体内容。每项内容层层递进、逐步展开。在每个问题的各个领域，习近平总书记和党中央是在什么样的历史条件下，面对什么样的问题，进行了什么样的思考，提出了什么样的方略，采取了什么样的举措，带领全党全国各族人民是怎么干的、是怎么干成的，最终取得了什么样的成效。这13个方面，可以说是对新时代以习近平同志为核心的党中央治国理政成就和经验的全面总结、全面展示。

《决议》指出：改革开放以后，党和国家事业取得重大成就，为新时代发展中国特色社会主义事业奠定了坚实基础、创造了有利条件。同时，党清醒认识到，外部环境变化带来许多新的风险挑战，国内改革发展稳定面临不少长期没有解决的深层次矛盾和问题以及新出现的一些矛盾和问题，管党治党一度宽松软带来党内消极腐败现象蔓延、政治生态出现严重问题，党群干群关系受到损害，党的创造力、凝聚力、战斗力受到削弱，党治国理政面临重大考验。

1. 在坚持党的全面领导上

《决议》指出：改革开放以后，党为加强和改善党的领导进行持续努力，为党和国家事业发展提供了根本政治保证。同时，党内也存在不少对坚持党的领导认识模糊、行动乏力问题，存在不少落实党的领导弱化、虚化、淡化、边缘化问题，特别是对党中央重大决策部署执行不力，有的搞上有政策、下有对策，甚至口是心非、擅自行事。以习近平同志为核心的党中央旗帜鲜明提出，党的领导是党和国家的根本所在、命脉所在，是全国各族人民的利益所系、命运所系，全党必须自觉在思想上政治上行动上同党中央保持高度一致，提高科学执政、民主执政、依法执政水平，提高把方向、谋大局、定政策、促改革的能力，确保充分发挥党总揽全局、协调各方的领导核心作用。

党明确提出，党的领导是全面的、系统的、整体的，保证党的团结统一是党的生命；党中央集中统一领导是党的领导的最高原则，加强和维护党中央集中统一领导是全党共同的政治责任，坚持党的领导首先要旗帜鲜明讲政治，保证全党服从中央。党的十八届六中全会通过关于新形势下党内政治生活的若干准则，党中央出台中央政治局关于加强和维护党中央集中统一领导的若干规定，严明党的政治纪律和政治规矩，防止和反对个人主义、分散主义、自由主义、本位主义、好人主义等，发展积极健康的党内政治文化，推动营造风清气正的良好政治生态。党中央要求党的领导干部提高政治判断力、政治领悟力、政治执行力，胸怀“国之大者”，对党忠诚、听党指挥、为党尽责。党健全党的领导制度体系，完善党领导人大、政府、政协、监察机关、审判机关、检察机关、武装力量、人民团体、企事业单位、基层群众性自治组织、社会组织等制度，确保党在各种组织中发挥领导作用。党坚持民主集中制，建立健全党对重大工作的领导体制，强化党中央决策议事协调机构职能作用，完善推动党中央重大决策落实机制，严格执行向党中央请示报告制度，强化政治监督，深化政治巡视，查处违背党的路线方针政策、破坏党的集中统一领导问题，清除“两面人”，保证全党在政治立场、政治方向、政治原则、政治道路上同党中央保持高度一致。

《决议》认为：党的十八大以来，党中央权威和集中统一领导得到有力保证，党的领导制度体系不断完善，党的领导方式更加科学，全党思想上更加统一、政治上更加团结、行动上更加一致，党的政治领导力、思想引领力、群众组织力、社会号召力显著增强。

2. 在全面从严治党上

《决议》指出：改革开放以后，党坚持党要管党、从严治党，推进党的建设取得明显成效。同时，由于一度出现管党不力、治党不严问题，有些党员、干部政治信仰出现严重危机，一些地方和部门选人用人风气不正，形式主义、官僚主义、享乐主义和奢靡之风盛行，特权思想和特权现象较为普遍存在。特别是搞任人唯亲、排斥异己的有之，搞团团伙伙、拉帮结派的有之，搞匿名诬告、制造谣言的有之，搞收买人心、拉动选票的有之，搞封官许愿、弹冠相庆的有之，搞自行其是、阳奉阴违的有之，搞尾大不掉、妄议中央的也有之，政治问题和经济问题相互交织，贪腐程度触目惊心。这“七个有之”问题严重影响党的形象和威信，严重损害党群干群关系，引起广大党员、干部、群众强烈不满和义愤。习近平同志强调，打铁必须自身硬，办好中国的事情，关键在党，关键在党要管党、全面从严治党。必须以加强党的长期执政能力建设、先进性和纯洁性建设为主线，以党的政治建设为统领，以坚定理想信念宗旨为根基，以调动全党积极性、主动性、创造性为着力点，不断提高党的建设质量，把党建设成为始终走在时代前列、人民衷心拥护、勇于自我革命、经得起各种风浪考验、朝气蓬勃的马克思主义执政党。党以永远在路上的清醒和坚定，坚持严的主基调，突出抓住“关键少数”，落实主体责任和监督责任，强化监督执纪问责，把全面从严治党贯穿于党的建设各方面。党中央召开各领域党建工作会议作出有力部署，推动党的建设全面进步。

党中央强调，我们党来自人民、植根人民、服务人民，一旦脱离群众就会失去生命力，全面从严治党必须从人民群众反映强烈的作风问题抓起。党中央从制定和落实中央八项规定破题，坚持从中央政治局做起、从领导干部抓起，以上率下改进工作作风。中央政治局每年召开民主生活会，听取贯彻执行八项规定情况汇报，开展批评和自我批评。党中央发扬钉钉子精神，持之以恒纠治“四风”，反对特权思想和特权现象，狠刹公款送礼、公款吃喝、公款旅游、奢侈浪费等不正之风，解决群众反映强烈、损害群众利益的突出问题，推进基层减负，倡导勤俭节约、反对铺张浪费，刹住了一些过去被认为不可能刹住的歪风，纠治了一些多年未除的顽瘴痼疾，党风政风和社会风气为之一新。

党历来强调，全党必须做到理想信念坚定、组织体系严密、纪律规矩严明。马克思主义信仰、共产主义远大理想、中国特色社会主义共同理想，是中国共产党人的精神支柱和政治灵魂，也是保持党的团结统一的思想基础。党中央强调，理想信念是共产党人精神上的“钙”，共产党人如果没有理想信念，精神上就会“缺钙”，就会得“软骨病”，必然导致政治上变质、经济上贪婪、道德上堕落、生活上腐化。党坚持思想建党和制度治党同向发力，先后开展党的群众路线教育实践活动、“严以修身、严以用权、严以律己，谋事要实、创业要实、做人要实”专题教育、“学党章党规、学系列讲话，做合格党员”学习教育、“不忘初心、牢记使命”主题教育、党史学习教育等，用党的创新理论武装全党，推进学习型政党建设，教育引导广大党员、干部特别是领导干部从思想上正本清源、固本培元，筑牢信仰之基、补足精神之钙、把稳思想之舵，保持共产党人政治本色，挺起共产党人的精神脊梁。党提出和贯彻新时代党的组织路线，明确信念坚定、为民服务、勤政务实、敢于担当、清正廉洁的新时代好干部标准，突出政治素质要求、树立正确用人导向，坚持德才兼备、以德为先，坚持五湖四海、任人唯贤，坚持事业为上、公道正派，坚持不唯票、不唯分、不唯生产总值、不唯年龄，不搞“海推”“海选”，强化党组织领导和把关作用，纠正选人用人上的不正之风。党要求各级领导干部解决好世界观、人生观、价值观这个“总开关”问题，珍惜权力、管好权力、慎用权力，自觉接受各方面监督，时刻想着为党分忧、为国奉献、为民造福。党坚持党管人才原则，实行更加积极、更加开放、更加有效的人才政策，深入实施新时代人才强国战略，加快建设世界重要人才中心和创新高地，聚天下英才而用之。党不断健全组织体系，以提升组织力为重点，增强党组织政治功能和组织功能，树立大抓基层的鲜明导向，推动党的组织和党的工作全覆盖。党坚持纪严于法、执纪执法贯通，用好监督执纪“四种形态”，强化政治纪律和组织纪律，带动各项纪律全面严起来。党坚持依规治党，严格遵守党章，形成比较完善的党内法规体系，严格制度执行，党的建设科学化、制度化、规范化水平明显提高。

党中央强调，腐败是党长期执政的最大威胁，反腐败是一场输不起也决不能输的重大政治斗争，不得罪成百上千的腐败分子，就要得罪14亿人民，必须把权力关进制度的笼子里，依纪依法设定权力、规范权力、制约权力、监督权力。党坚持不敢腐、不能腐、不想腐一体推进，惩治震慑、制度约束、提高觉悟一体发力，确保党和人民赋予的权力始终用来为人民谋幸福。坚持无禁区、全覆盖、零容忍，坚持重遏制、强高压、长震慑，坚持受贿行贿一起查，坚持有案必查、有腐必惩，以猛药去疴、重典治乱的决心，以刮骨疗毒、壮士断腕的勇气，坚定不移“打虎”“拍蝇”“猎狐”。坚决整治群众身边腐败问题，深入开展国际追逃追赃，清除一切腐败分子。党聚焦政治问题和经济问题交织的腐败案件，防止党内形成利益集团，查处周永康、薄熙来、孙政才、令计划等严重违纪违法案件。党领导完善党和国家监督体系，推动设立国家监察委员会和地方各级监察委员会，构建巡视巡察上下联动格局，构建以党内监督为主导、各类监督贯通协调的机制，加强对权力运行的制约和监督。

这里我们用一组数字，对《决议》阐述的这项内容作一简要说明。据有关部门统计，从2012年12月至2021年5

月，全国纪检监察机关共立案审查调查省部级以上领导干部392人、厅局级干部2.2万人、县处级干部17万余人、乡科级干部61.6万人；查处落实中央八项规定精神不力问题、“四风”问题62.65万起。2015年启动“天网行动”，国际刑警组织中国国家中心局集中公布100名涉嫌犯罪外逃国家工作人员、重要腐败案件涉案等人员的红色通缉令，把惩治腐败的天罗地网撒向全球。党的十八大以来，推进党风廉政建设和反腐败斗争的力度前所未有。这里，我们再用一些事例对这个问题作一详细阐释。党的十八大后，抓党的建设，抓党风廉政建设和反腐败斗争，是从抓作风建设切入的。党的十八大闭幕不久，党中央很快出台了八项规定。八项规定文字不长，但是，就是这个规定掀起了一场深刻改变党风、政风、社会风气的风暴。正是这个小切口带来了大变局，开启了新时代党的伟大自我革命，进而以党的伟大自我革命引领伟大社会革命。习近平总书记在党的伟大自我革命中，发挥了决定性的作用。这里，我们可以重温一下习近平总书记的多次重要讲话。习近平总书记在讲话中多次引用过金末元初元好问《四哀诗·李钦叔》诗中的两句诗：“当官避事平生耻，视死如归社稷心。”习近平总书记在引用时将其改写为“为官避事平生耻”，意思是做官避事是平生最大耻辱。2015 年 1 月，习近平总书记在十八届中央纪委第五次全体会议上讲话指出：“人民把权力交给我们，我们就必须以身许党许国、报党报国，该做的事就要做，该得罪的人就得得罪。不得罪腐败分子，就必然会辜负党、得罪人民。是怕得罪成百上千的腐败分子，还是怕得罪十三亿人民？不得罪成百上千的腐败分子，就要得罪十三亿人民。这是一笔再明白不过的政治账、人心向背的账！”这涉及多数和少数关系的处理。不得罪千百人这少数，我们党就要改变性质、政权就要变色。不负十三亿这多数，我们党的性质就不会改变，政权就不会变色。“千百人”和“十三亿”孰轻孰重，这是很简单的选择，道理却很深刻。这个话掷地有声啊！ 2022 年 1 月，习近平总书记在十九届中央纪委第六次全体会议上讲话指出：今年是党的十八大以来第十个年头，十年磨一剑，党中央把全面从严治党纳入“四个全面”战略布局，以前所未有的勇气和定力推进党风廉政建设和反腐败斗争，刹住了一些多年未刹住的歪风邪气，解决了许多长期没有解决的顽瘴痼疾，清除了党、国家、军队内部存在的严重隐患，管党治党宽松软状况得到根本扭转，探索出依靠党的自我革命跳出历史周期率的成功路径。这个结论十分客观准确。

河南作家二月河曾对党的十八大以来反腐败取得的成效进行过评价，因为以中国历史上的一些事拿来作比较，具有说服力，因此在国内的媒体上广为流传。二月河本名叫凌解放，是河南的一名专业作家。他写下了500多万字的历史小说，其中《康熙大帝》《雍正皇帝》《乾隆皇帝》享誉海内外。他还曾出版过一部反腐文集《二月河说反腐》，以小说家的眼光谈反腐。2014年7月，中央纪委国家监委网站“聆听大家口述实录”第一期节目对他访谈。当谈到党的十八大以来的反腐败时，他用了“蛟龙愤怒，鱼鳖惊慌，春雷一击，震撼四野”来形容。2017年10月，在党的十九大期间，二月河作为党的十九大代表在接受媒体专访时说：党的十八大以来“这五年反腐倡廉以及从严治党的管理和成效在全国乃至全世界人民心目中所产生的震撼性效应，可以用毛泽东诗词‘天翻地覆慨而慷’来形容。从历史来看，我们阅读二十四史，反腐从来都是一个经常的事情。但是二十四史里面，没有一个时代，没有一个时期曾经有过现在这样的反腐力度。如果有的话，也只是在某一层面或者一个阶层，甚至是在几人中间发生过这样的事情，从来没有像现在这样，在中国共产党的领导下，动员全体人民进行反腐，这件事震撼力很大”。他认为中国历史上反腐力度最大的时期有三个，分别是唐朝武则天时期，明朝朱元璋时期，清朝雍正时期。武则天反腐采用的是告密制度，允许老百姓举报，政府去捉拿，任用酷吏去整治腐败，如周兴、来俊臣等酷吏逮捕和屠杀了很多贪官污吏。以至于每当有新进士从龙门里边出来，宫里的太监就会指着这一群新进士说：“你看你看，又一批死鬼来了”。当时杀人如割草，但还是腐败不止。朱元璋小时候家里很穷，亲身经历了百姓疾苦，被贪官污吏压榨。因此他对贪官污吏非常痛恨，成为明朝开国皇帝后大力整顿贪腐。对贪污六十两银子以上的官员格杀勿论，利用残酷刑法处置贪官，采取剥皮楦草、挑筋、断指、断手、削膝盖等酷刑，制定整肃贪污的《大诰》《醒贪简要录》，允许民间百姓上访，等等。朱元璋当政 31 年，先后发起 6 次大规模肃贪，杀掉贪官污吏 15 万多人。但即使如此，贪官现象始终未能根除，朱元璋晚年只能发出“朝治而暮犯，暮治而晨亦如之；尸未移而人为继踵，治愈重而犯愈多”如之奈何、如之奈何的哀叹。雍正制定了一些反腐制度，实行摊丁入亩、官绅一体纳粮、火耗归功、密折制度等，可是当时没有报纸、电视，很多老百姓不识字，话语权掌握在士绅阶层，也就是那些反对反腐的人手里，所以雍正反腐很艰难，最终成效也不大。所以二月河说，“现在的反腐败力度，翻遍二十四史都找不到”。诚如斯言。

《决议》认为，党的十八大以来，经过坚决斗争，全面从严治党的政治引领和政治保障作用充分发挥，党的自我净化、自我完善、自我革新、自我提高能力显著增强，管党治党宽松软状况得到根本扭转，反腐败斗争取得压倒性胜利并全面巩固，消除了党、国家、军队内部存在的严重隐患，党在革命性锻造中更加坚强。

3. 在经济建设上

《决议》指出：改革开放以后，党扭住经济建设这个中心，领导人民埋头苦干，创造出经济快速发展奇迹，国家经济实力大幅跃升。同时，由于一些地方和部门存在片面追求速度规模、发展方式粗放等问题，加上国际金融危机后世界经济持续低迷影响，经济结构性体制性矛盾不断积累，发展不平衡、不协调、不可持续问题十分突出。党中央提出，我国经济发展进入新常态，已由高速增长阶段转向高质量发展阶段，面临增长速度换挡期、结构调整阵痛期、前期刺激政策消化期“三期叠加”的复杂局面，传统发展模式难以为继。党中央强调，贯彻新发展理念是关系我国发展全局的一场深刻变革，不能简单以生产总值增长率论英雄，必须实现创新成为第一动力、协调成为内生特点、绿色成为普遍形态、开放成为必由之路、共享成为根本目的的高质量发展，推动经济发展质量变革、效率变革、动力变革。

党加强对经济工作的战略谋划和统一领导，完善党领导经济工作体制机制。党的十八届五中全会、党的十九大、党的十九届五中全会和历次中央经济工作会议集中对我国发展作出部署，作出坚持以高质量发展为主题、以供给侧结构性改革为主线、建设现代化经济体系、把握扩大内需战略基点，打好防范化解重大风险、精准脱贫、污染防治三大攻坚战等重大决策。党毫不动摇巩固和发展公有制经济，毫不动摇鼓励、支持、引导非公有制经济发展，支持国有资本和国有企业做强做优做大，建立中国特色现代企业制度，增强国有经济竞争力、创新力、控制力、影响力、抗风险能力；构建亲清政商关系，促进非公有制经济健康发展和非公有制经济人士健康成长。党坚持实施创新驱动发展战略，把科技自立自强作为国家发展的战略支撑，健全新型举国体制，强化国家战略科技力量，加强基础研究，推进关键核心技术攻关和自主创新，强化知识产权创造、保护、运用，加快建设创新型国家和世界科技强国。全面实施供给侧结构性改革，推进去产能、去库存、去杠杆、降成本、补短板，落实巩固、增强、提升、畅通要求，推进制造强国建设，加快发展现代产业体系，壮大实体经济，发展数字经济。完善宏观经济治理，创新宏观调控思路和方式，增强宏观政策自主性，实施积极的财政政策和稳健的货币政策，坚持推进简政放权、放管结合、优化服务，保障粮食安全、能源资源安全、产业链供应链安全，坚持金融为实体经济服务，全面加强金融监管，防范化解经济金融领域风险，强化市场监管和反垄断规制，防止资本无序扩张，维护市场秩序，激发各类市场主体特别是中小微企业活力，保护广大劳动者和消费者权益。党实施区域协调发展战略，促进京津冀协同发展、长江经济带发展、粤港澳大湾区建设、长三角一体化发展、黄河流域生态保护和高质量发展，高标准高质量建设雄安新区，推动西部大开发形成新格局，推动东北振兴取得新突破，推动中部地区高质量发展，鼓励东部地区加快推进现代化，支持革命老区、民族地区、边疆地区、贫困地区改善生产生活条件。推进以人为核心的新型城镇化，加强城市规划、建设、管理。党始终把解决好“三农”问题作为全党工作重中之重，实施乡村振兴战略，加快推进农业农村现代化，坚持藏粮于地、藏粮于技，实行最严格的耕地保护制度，推动种业科技自立自强、种源自主可控，确保把中国人的饭碗牢牢端在自己手中。

《决议》认为，党的十八大以来，我国经济发展平衡性、协调性、可持续性明显增强，国内生产总值突破 100 万亿元大关，人均国内生产总值超过 1 万美元，国家经济实力、科技实力、综合国力跃上新台阶，我国经济迈上更高质量、更有效率、更加公平、更可持续、更为安全的发展之路。

这里我们用几组数字，对这一时期经济建设取得的成就进一步加以说明。改革开放之初，1978 年我国经济总量是 3679 亿元人民币，占世界经济总量比重是 1.8%。2012 年我国经济总量是 51 万多亿元人民币，占世界经济总量比重是

11.4%。2021年，我国经济总量是114万多亿元人民币，占世界经济总量比重上升到18%，比2020年占世界经济总量比重增加1%（13万亿元人民币，约合3万亿美元），相当于印度（3.08万亿美元）或法国（2.92万亿美元）2021年的GDP规模。

我们再把中国经济总量与美国、日本作一比较。1978年我国经济总量占美国的6.3%，到2020年上升到70%多。1978年我国经济总量占日本的15%，2010年超过日本，2021年是日本的355%，就是说相当于3个多日本的经济总量。1978年时日本经济总量世界排名是第2位，中国排名是第11位。

我们再看另外一组数据。1900年，八国联军攻打北京，这八国是英国、美国、法国、德国、意大利、俄国、日本、奥匈帝国。这八国是当时世界工业化强国，其经济总量按照购买力平价计算占世界的50.4%，也就是一半。1997年，八国集团成立。这八国是美国、英国、德国、法国、意大利、日本、俄罗斯、加拿大，前面七国跟八国联军完全一样，第八个国家是加拿大，因为奥匈帝国在第一次世界大战以后解体变成了奥地利、匈牙利，被加拿大所取代。2000

年，八国集团的经济总量按照购买力平价计算占世界的47%，接近一半。2021年，八国集团的经济总量按照购买力平价计算占全世界的42%，失掉了主导世界格局的能力。与之相对应的是中国的发展和崛起。

4. 在全面深化改革开放上

《决议》指出：党的十一届三中全会以后，我国改革开放走过波澜壮阔的历程，取得举世瞩目的成就。随着实践发展，一些深层次体制机制问题和利益固化的藩篱日益显现，改革进入攻坚期和深水区。党中央深刻认识到，实践发展永无止境，解放思想永无止境，改革开放也永无止境，改革只有进行时、没有完成时，停顿和倒退没有出路，必须以更大的政治勇气和智慧推进全面深化改革，敢于啃硬骨头，敢于涉险滩，突出制度建设，注重改革关联性和耦合性，真枪真刀推进改革，有效破除各方面体制机制弊端。

党的十八届三中全会对经济体制、政治体制、文化体制、社会体制、生态文明体制、国防和军队改革和党的建设制度改革作出部署，确定全面深化改革的总目标、战略重点、优先顺序、主攻方向、工作机制、推进方式和时间表、路线图。党的十一届三中全会是划时代的，开启了改革开放和社会主义现代化建设新时期。党的十八届三中全会也是划时代的，实现改革由局部探索、破冰突围到系统集成、全面深化的转变，开创了我国改革开放新局面。

党坚持改革正确方向，以促进社会公平正义、增进人民福祉为出发点和落脚点，突出问题导向，聚焦进一步解放思想、解放和发展社会生产力、解放和增强社会活力，加强顶层设计和整体谋划，增强改革的系统性、整体性、协同性，激发人民首创精神，推动重要领域和关键环节改革走实走深。党推动改革全面发力、多点突破、蹄疾步稳、纵深推进，从夯基垒台、立柱架梁到全面推进、积厚成势，再到系统集成、协同高效，各领域基础性制度框架基本确立，许多领域实现历史性变革、系统性重塑、整体性重构。

党中央深刻认识到，开放带来进步，封闭必然落后；我国发展要赢得优势、赢得主动、赢得未来，必须顺应经济全球化，依托我国超大规模市场优势，实行更加积极主动的开放战略。我国坚持共商共建共享，推动共建“一带一路”高质量发展，推进一大批关系沿线国家经济发展、民生改善的合作项目，建设和平之路、繁荣之路、开放之路、绿色之路、创新之路、文明之路，使共建“一带一路”成为当今世界深受欢迎的国际公共产品和国际合作平台。我国坚持对内对外开放相互促进、“引进来”和“走出去”更好结合，推动贸易和投资自由化便利化，构建面向全球的高标准自由贸易区网络，建设自由贸易试验区和海南自由贸易港，推动规则、规制、管理、标准等制度型开放，形成更大范围、更宽领域、更深层次对外开放格局，构建互利共赢、多元平衡、安全高效的开放型经济体系，不断增强我国国际经济合作和竞争新优势。

《决议》认为，党的十八大以来，党不断推动全面深化改革向广度和深度进军，中国特色社会主义制度更加成熟更加定型，国家治理体系和治理能力现代化水平不断提高，党和国家事业焕发出新的生机活力。

5. 在政治建设上

《决议》指出：改革开放以后，党领导人民坚持中国特色社会主义政治发展道路，发展社会主义民主，取得重大进展。党从国内外政治发展成败得失中深刻认识到，坚定中国特色社会主义制度自信首先要坚定对中国特色社会主义政治制度的自信，建设社会主义民主政治，发展社会主义政治文明，必须使中国特色社会主义政治制度深深扎根于中国社会土壤，照抄照搬他国政治制度行不通，甚至会把国家前途命运葬送掉。必须坚持党的领导、人民当家作主、依法治国有机统一，积极发展全过程人民民主，健全全面、广泛、有机衔接的人民当家作主制度体系，构建多样、畅通、有序的民主渠道，丰富民主形式，从各层次各领域扩大人民有序政治参与，使各方面制度和国家治理更好体现人民意志、保障人民权益、激发人民创造。必须警惕和防范西方所谓“宪政”、多党轮流执政、“三权鼎立”等政治思潮的侵蚀影响。

党的十九届四中全会着眼于党长期执政和国家长治久安，对坚持和完善中国特色社会主义制度、推进国家治理体系和治理能力现代化作出总体擘画，重点部署坚持和完善支撑中国特色社会主义制度的根本制度、基本制度、重要制度。党中央强调，必须坚持人民主体地位，保证人民依法实行民主选举、民主协商、民主决策、民主管理、民主监督。党坚持和完善人民代表大会制度，支持和保证人民通过人民代表大会行使国家权力，支持和保证人大依法行使立法权、监督权、决定权、任免权，果断查处拉票贿选案，维护人民代表大会制度权威和尊严，发挥人民代表大会制度的根本政治制度作用。党坚持和完善中国共产党领导的多党合作和政治协商制度，完善民主党派中央对重大决策部署贯彻落实情况实施专项监督、直接向中共中央提出建议等制度，加强人民政协专门协商机构制度建设，推进社会主义协商民主广泛多层制度化发展，形成中国特色协商民主体系。党坚持巩固基层政权，完善基层民主制度，完善办事公开制度，保障人民知情权、参与权、表达权、监督权。按照坚持党的全面领导、坚持以人民为中心、坚持优化协同高效、坚持全面依法治国的原则，全面深化党和国家机构改革，党和国家机构职能实现系统性、整体性重构。党坚持和完善民族区域自治制度，坚定不移走中国特色解决民族问题的正确道路，坚持把铸牢中华民族共同体意识作为党的民族工作主线，确立新时代党的治藏方略、治疆方略，巩固和发展平等团结互助和谐的社会主义民族关系，促进各民族共同团结奋斗、共同繁荣发展。党坚持党的宗教工作基本方针，坚持我国宗教的中国化方向，积极引导宗教与社会主义社会相适应。党完善大统战工作格局，努力寻求最大公约数、画出最大同心圆，汇聚实现中华民族伟大复兴的磅礴力量。党围绕增强政治性、先进性、群众性，推动群团工作改革创新，更好发挥工会、共青团、妇联等人民团体和群众组织作用。我们以保障人民生存权、发展权为首要推进人权事业全面发展。

这里我们需要强调一下我国具有独特政治优势的协商民主。我国实行的协商民主是中国特色社会主义民主政治中独特独到独有的民主形式。现在已经形成了 7 种主要协商形式，即政党协商、人大协商、政府协商、政协协商、人民团体协商、基层协商、社会组织协商等，极大地丰富了民主形式，拓宽了民主渠道，深化了民主内涵。这个民主形式在世界上是独一无二的。习近平总书记指出：在政治制度上，看到别的国家有而我们没有就简单认为有欠缺，要搬过来；或者，看到我们有而别的国家没有就简单认为是多余的，要去除掉。这两种观点都是简单化的、片面的，因而都是不正确的。中国特色社会主义民主是个新事物，也是个好事物。协商民主源自中华民族长期形成的天下为公、兼容并蓄、求同存异等优秀政治文化，源自近代以后中国政治发展的现实进程，源自中国共产党领导人民进行革命、建设、改革的长期实践，源自新中国成立后各党派、各团体、各民族、各阶层、各界人士在政治制度上共同实现的伟大创造，源自改革开放以来中国在政治体制上的不断创新，具有深厚的文化基础、理论基础、实践基础、制度基础。协商民主深深嵌入了中国社会主义民主政治全过程。中国社会主义协商民主，既坚持了中国共产党的领导，又发挥了各方面的积极作用；既坚持了人民主体地位，又贯彻了民主集中制的领导制度和组织原则；既坚持了人民民主的原则，又贯彻了团结和谐的要求。古今中外的实践都表明，保证和支持人民当家作主，通过依法选举、让人民的代表来参与国家生活和社会生活的管理是十分重要的，通过选举以外的制度和方式让人民参与国家生活和社会生活的管理也是十分重要的。

《决议》认为，党的十八大以来，我国社会主义民主政治制度化、规范化、程序化全面推进，中国特色社会主义政治制度优越性得到更好发挥，生动活泼、安定团结的政治局面得到巩固和发展。

6. 在全面依法治国上

《决议》指出：改革开放以后，党坚持依法治国，不断推进社会主义法治建设。同时，有法不依、执法不严、司法不公、违法不究等问题严重存在，司法腐败时有发生，一些执法司法人员徇私枉法，甚至充当犯罪分子的保护伞，严重损害法治权威，严重影响社会公平正义。党深刻认识到，权力是一把“双刃剑”，依法依规行使可以造福人民，违法违规行使必然祸害国家和人民。党中央强调，法治兴则国家兴，法治衰则国家乱；全面依法治国是中国特色社会主义的本质要求和重要保障，是国家治理的一场深刻革命；坚持依法治国首先要坚持依宪治国，坚持依法执政首先要坚持依宪执政。必须坚持中国特色社会主义法治道路，贯彻中国特色社会主义法治理论，坚持依法治国、依法执政、依法行政共同推进，坚持法治国家、法治政府、法治社会一体建设，全面增强全社会尊法学法守法用法意识和能力。

党的十八届四中全会和中央全面依法治国工作会议专题

研究全面依法治国问题，就科学立法、严格执法、公正司法、全民守法作出顶层设计和重大部署，统筹推进法律规范体系、法治实施体系、法治监督体系、法治保障体系和党内法规体系建设。

党强调，全面依法治国最广泛、最深厚的基础是人民，必须把体现人民利益、反映人民愿望、维护人民权益、增进人民福祉落实到全面依法治国各领域全过程，保障和促进社会公平正义，努力让人民群众在每一项法律制度、每一个执法决定、每一宗司法案件中都感受到公平正义。党领导健全保证宪法全面实施的体制机制，确立宪法宣誓制度，弘扬社会主义法治精神，提高国家机构依法履职能力，提高各级领导干部运用法治思维和法治方式解决问题、推动发展的能力，增强全社会法治意识。通过宪法修正案，制定民法典、外商投资法、国家安全法、监察法等法律，修改立法法、国防法、环境保护法等法律，加强重点领域、新兴领域、涉外领域立法，加快完善以宪法为核心的中国特色社会主义法律体系。党领导深化以司法责任制为重点的司法体制改革，推进政法领域全面深化改革，加强对执法司法活动的监督制约，开展政法队伍教育整顿，依法纠正冤错案件，严厉惩治执法司法腐败，确保执法司法公正廉洁高效权威。

《决议》认为，党的十八大以来，中国特色社会主义法治体系不断健全，法治中国建设迈出坚实步伐，法治固根本、稳预期、利长远的保障作用进一步发挥，党运用法治方式领导和治理国家的能力显著增强。

7. 在文化建设上

《决议》指出：改革开放以后，党坚持物质文明和精神文明两手抓、两手硬，推动社会主义文化繁荣发展，振奋了民族精神，凝聚了民族力量。同时，拜金主义、享乐主义、极端个人主义和历史虚无主义等错误思潮不时出现，网络舆论乱象丛生，一些领导干部政治立场模糊、缺乏斗争精神，严重影响人们思想和社会舆论环境。党准确把握世界范围内思想文化相互激荡、我国社会思想观念深刻变化的趋势，强调意识形态工作是为国家立心、为民族立魂的工作，文化自信是更基础、更广泛、更深厚的自信，是一个国家、一个民族发展中最基本、最深沉、最持久的力量，没有高度文化自信、没有文化繁荣兴盛就没有中华民族伟大复兴。必须坚持以人民为中心的工作导向，举旗帜、聚民心、育新人、兴文化、展形象，牢牢掌握意识形态工作领导权，建设具有强大凝聚力和引领力的社会主义意识形态，建设社会主义文化强国，激发全民族文化创新创造活力，更好构筑中国精神、中国价值、中国力量，巩固全党全国各族人民团结奋斗的共同思想基础。

党着力解决意识形态领域党的领导弱化问题，立破并举、激浊扬清，就意识形态领域许多方向性、战略性问题作出部署，确立和坚持马克思主义在意识形态领域指导地位的根本制度，健全意识形态工作责任制，推动全党动手抓宣传思想工作，守土有责、守土负责、守土尽责，敢抓敢管、敢于斗争，旗帜鲜明反对和抵制各种错误观点。党从正本清源入手加强宣传思想工作，召开全国宣传思想工作会议，分别召开文艺工作、党的新闻舆论工作、网络安全和信息化工作、哲学社会科学工作座谈会和全国高校思想政治工作会议，就一系列根本性问题阐明原则立场，廓清了理论是非，校正了工作导向，思想文化领域向上向好态势不断发展。推动用党的创新理论武装全党、教育人民、指导实践，深化马克思主义理论研究和建设，推进中国特色哲学社会科学学科体系、学术体系、话语体系建设。高度重视传播手段建设和创新，推动媒体融合发展，提高新闻舆论传播力、引导力、影响力、公信力。党中央明确提出，过不了互联网这一关就过不了长期执政这一关。党高度重视互联网这个意识形态斗争的主阵地、主战场、最前沿，健全互联网领导和管理体制，坚持依法管网治网，营造清朗的网络空间。

党坚持以社会主义核心价值观引领文化建设，注重用社会主义先进文化、革命文化、中华优秀传统文化培根铸魂，广泛开展中国特色社会主义和中国梦宣传教育，推动理想信念教育常态化制度化，完善思想政治工作体系，建立健全党和国家功勋荣誉表彰制度，设立烈士纪念日，深化群众性精神文明创建，建设新时代文明实践中心，推动学习大国建设。党推动学习党史、新中国史、改革开放史、社会主义发展史，建成中国共产党历史展览馆，开展庆祝中国共产党成立 100 周年、中华人民共和国成立 70 周年、中国人民解放军建军 90 周年、改革开放 40 周年和纪念中国人民抗日战争暨世界反法西斯战争胜利 70 周年、中国人民志愿军抗美援朝出国作战 70 周年等活动，有力彰显党心民心、国威军威，在全社会唱响了主旋律、弘扬了正能量。党坚持把社会效益放在首位、社会效益和经济效益相统一，推进文化事业和文化产业全面发展，繁荣文艺创作，完善公共文化服务体系，为人民提供了更多更好的精神食粮。

党中央强调，中华优秀传统文化是中华民族的突出优势，是我们在世界文化激荡中站稳脚跟的根基，必须结合新的时代条件传承和弘扬好。我们实施中华优秀传统文化传承发展工程，推动中华优秀传统文化创造性转化、创新性发展，增强全社会文物保护意识，加大文化遗产保护力度。加快国际传播能力建设，向世界讲好中国故事、中国共产党故事，传播好中国声音，促进人类文明交流互鉴，国家文化软实力、中华文化影响力明显提升。

《决议》认为，党的十八大以来，我国意识形态领域形势发生全局性、根本性转变，全党全国各族人民文化自信明显增强，全社会凝聚力和向心力极大提升，为新时代开创党和国家事业新局面提供了坚强思想保证和强大精神力量。

8. 在社会建设上

《决议》指出：改革开放以后，我国人民生活显著改善，社会治理明显改进。同时，随着时代发展和社会进步，人民对美好生活的向往更加强烈，对民主、法治、公平、正义、安全、环境等方面的要求日益增长。党中央强调，人民对美好生活的向往就是我们的奋斗目标，增进民生福祉是我们坚持立党为公、执政为民的本质要求，让老百姓过上好日子是我们一切工作的出发点和落脚点，补齐民生保障短板、解决好人民群众急难愁盼问题是社会建设的紧迫任务。必须以保障和改善民生为重点加强社会建设，尽力而为、量力而行，一件事情接着一件事情办，一年接着一年干，在幼有所育、学有所教、劳有所得、病有所医、老有所养、住有所居、弱有所扶上持续用力，加强和创新社会治理，使人民获得感、幸福感、安全感更加充实、更有保障、更可持续。

党深刻认识到，小康不小康，关键看老乡；脱贫攻坚是全面建成小康社会的底线任务，只有打赢脱贫攻坚战，才能确保全面建成小康社会、实现第一个百年奋斗目标；必须以更大决心、更精准思路、更有力措施，采取超常举措，实施脱贫攻坚工程。党坚持精准扶贫，确立不愁吃、不愁穿和义务教育、基本医疗、住房安全有保障工作目标，实行“军令状”式责任制，动员全党全国全社会力量，上下同心、尽锐出战，攻克坚中之坚、解决难中之难，组织实施人类历史上规模最大、力度最强的脱贫攻坚战，形成伟大脱贫攻坚精神。党的十八大以来，全国 832 个贫困县全部摘帽，12.8 万个贫困村全部出列，近 1 亿农村贫困人口实现脱贫，提前十年实现联合国 2030 年可持续发展议程减贫目标，历史性地解决了绝对贫困问题，创造了人类减贫史上的奇迹。

2020 年，面对突如其来的新冠肺炎疫情，党中央果断决策、沉着应对，坚持人民至上、生命至上，提出坚定信心、同舟共济、科学防治、精准施策的总要求，开展抗击疫情人民战争、总体战、阻击战，周密部署武汉保卫战、湖北保卫战，举全国之力实施规模空前的生命大救援，慎终如始抓好“外防输入、内防反弹”，坚持统筹疫情防控和经济社会发展，最大限度保护了人民生命安全和身体健康，在全球率先控制住疫情、率先复工复产、率先恢复经济社会发展，抗疫斗争取得重大战略成果，铸就了伟大抗疫精神。

为了保障和改善民生，党按照坚守底线、突出重点、完善制度、引导预期的思路，在收入分配、就业、教育、社会保障、医疗卫生、住房保障等方面推出一系列重大举措，注重加强普惠性、基础性、兜底性民生建设，推进基本公共服务均等化。我们努力建设体现效率、促进公平的收入分配体系，调节过高收入，取缔非法收入，增加低收入者收入，稳步扩大中等收入群体，推动形成橄榄型分配格局，居民收入增长与经济增长基本同步，农村居民收入增速快于城镇居民。实施就业优先政策，推动实现更加充分、更高质量就业。全面贯彻党的教育方针，优先发展教育事业，明确教育的根本任务是立德树人，培养德智体美劳全面发展的社会主义建设者和接班人，深化教育教学改革创新，促进公平和提高质量，推进义务教育均衡发展和城乡一体化，全面推行国家通用语言文字教育教学，规范校外培训机构，积极发展职业教育，推动高等教育内涵式发展，推进教育强国建设，办好人民满意的教育。我国建成世界上规模最大的社会保障体系，10.2 亿人拥有基本养老保险，13.6 亿人拥有基本医疗保险。全面推进健康中国建设，坚持预防为主的方针，深化医药卫生体制改革，引导医疗卫生工作重心下移、资源下沉，及时推动完善重大疫情防控体制机制、健全国家公共卫生应急管理体系，促进中医药传承创新发展，健全遍及城乡的公共卫生服务体系。加快体育强国建设，广泛开展全民健身活动，大力弘扬中华体育精神。加强人口发展战略研究，积极应对人口老龄化，加快建设养老服务体系，调整优化生育政策，促进人口长期均衡发展。注重家庭家教家风建设，保障妇女儿童权益。加快发展残疾人事业。坚持房子是用来住的、不是用来炒的定位，加快建立多主体供给、多渠道保障、租购并举的住房制度，加大保障房建设投入力度，城乡居民住房条件明显改善。

党着眼于国家长治久安、人民安居乐业，建设更高水平的平安中国，完善社会治理体系，健全党组织领导的自治、法治、德治相结合的城乡基层治理体系，推动社会治理重心向基层下移，建设共建共治共享的社会治理制度，建设人人有责、人人尽责、人人享有的社会治理共同体。加强防灾减灾救灾和安全生产工作，加强国家应急管理体系和能力建设。坚持和发展新时代“枫桥经验”，坚持系统治理、依法治理、综合治理、源头治理，完善信访制度，健全社会矛盾纠纷多元预防调处化解综合机制，加强社会治安综合治理，开展扫黑除恶专项斗争，坚决惩治放纵、包庇黑恶势力甚至充当保护伞的党员干部，防范和打击暴力恐怖、新型网络犯罪、跨国犯罪。

这里我们举例说一说举全党全社会之力打赢脱贫攻坚

战这件事。用这件事来论证新时代的民生改善，是最生动、最震撼人、最有说服力的。打赢脱贫攻坚战，是全面建成小康社会的底线任务、关键性指标。如果脱贫攻坚战打不赢，就不能全面建成小康社会。所以习近平总书记多次强调，我们不能一边宣布全面建成了小康社会，另一边还有几千万人口的生活水平处在扶贫标准线以下，这既影响人民群众对全面建成小康社会的满意度，也影响国际社会对我国全面建成小康社会的认可度。党的十八大以来，习近平总书记亲自抓，举全党全国之力，坚持不懈，久久为功，打了一场艰巨的持久战、攻坚战，最终赢得了脱贫攻坚战的伟大胜利。

按当年现行农村贫困标准衡量，1978 年末我国农村贫困发生率高达 97.5%，以乡村户籍人口作为总体推算，农村贫困人口规模达 7.7 亿人。据世界银行测算，改革开放以来中国共减少贫困人口 8.5 亿多人，对全球减贫贡献率超过 70%。2012 年党的十八大召开后，我国贫困人口尚有 9899 万，接近一个亿。且这接近一个亿的贫困人口恰恰是贫中之贫、难中之难、困中之困，是最难啃的硬骨头。

党的十八大闭幕后，2012 年 12 月 29 日，习近平总书记第二次外出到地方考察调研，来到了河北省阜平县。阜平是一个拥有光荣革命历史的地方，是我党我军历史上创建的第一块敌后抗日根据地——晋察冀根据地的首府所在地，是晋察冀边区政治、军事、文化中心。聂荣臻元帅等老一辈革命家曾在这里战斗和生活了 11 年。但阜平又是一个国家级贫困县。聂帅生前对阜平非常关心，他讲过，阜平不富，死不瞑目。说到阜平老百姓生活依然贫困时，他还掉了眼泪。习近平总书记去的时候，是隆冬季节，天寒地冻，总书记冒着零下十几度的严寒，驱车 300 多公里，看望贫困群众。总书记坐在老百姓家的炕头上，与困难群众促膝交谈。这次考察调研，习近平总书记提出了“真扶贫、扶真贫、脱真贫”的要求。2013 年 11 月 3 日，习近平总书记到湖南省湘西土家族苗族自治州花垣县排碧乡十八洞村考察调研。这是一个苗族聚居地，总书记与苗族群众围坐在一个方桌前交谈。苗族大妈石爬专不认识总书记，就问：“怎么称呼您？”总书记听后，自我介绍说：“我是人民的勤务员。”并握住大妈的手，询问她多大年纪。当听说老人 64 岁了，他连忙说“你是大姐”。习近平总书记在这一次调研时首次提出“精准扶贫”的重要思想。后来，他强调，扶贫开发，贵在精准，重在精准，成败之举在精准。搞大水漫灌、走马观花、大而化之、“手榴弹炸跳蚤”不行。回顾这一段历史，我们清楚地看到，党的十八大以来，脱贫攻坚战就是在习近平总书记的亲自谋划、亲自推动、亲自指挥下打响的。2021 年 2 月 25 日，全国脱贫攻坚总结表彰大会在人民大会堂隆重举行。在这次会议上，习近平总书记在讲话中指出：在脱贫攻坚斗争中，1800 多名同志将生命定格在了脱贫攻坚征程上。习近平总书记概括提炼了脱贫攻坚精神，这是中国共产党精神谱系中增添的又一个伟大精神，弥足珍贵。

我们还可以从我国现在的人均寿命来看一看新时代社会建设的显著成就。我们把现在的居民人均寿命与我国历史上几个盛世的人均寿命作一个比较，可以看到，现在我们超过历史上任何一个盛世。在中国历史上，有几个被历史学家们称之为盛世的朝代：一个是汉朝的文景之治，一个是唐朝的贞观之治，一个是清朝的康乾盛世。在汉朝的文景之治时，全国总人口是 3000 多万人，人的平均寿命是 35 岁。在唐朝的贞观之治时，全国总人口是 4800 多万人，人的平均寿命是 40 岁。在清朝的康乾盛世时，乾隆 55 年，全国总人口是 3 亿人，人的平均寿命是 40 岁。1949 年，新中国成立之初，全国总人口是5.4亿人，人的平均寿命是35岁。而到2020年底，我国总人口是14亿多人，人的平均寿命已达到77.3岁，接近世界发达国家的平均水平。这是很了不起的成就！

《决议》认为，党的十八大以来，我国社会建设全面加强，人民生活全方位改善，社会治理社会化、法治化、智能化、专业化水平大幅度提升，发展了人民安居乐业、社会安定有序的良好局面，续写了社会长期稳定奇迹。

9. 在生态文明建设上

《决议》指出：改革开放以后，党日益重视生态环境保护。同时，生态文明建设仍然是一个明显短板，资源环境约束趋紧、生态系统退化等问题越来越突出，特别是各类环境污染、生态破坏呈高发态势，成为国土之伤、民生之痛。如果不抓紧扭转生态环境恶化趋势，必将付出极其沉重的代价。党中央强调，生态文明建设是关乎中华民族永续发展的根本大计，保护生态环境就是保护生产力，改善生态环境就是发展生产力，决不以牺牲环境为代价换取一时的经济增长。必须坚持绿水青山就是金山银山的理念，坚持山水林田湖草沙一体化保护和系统治理，像保护眼睛一样保护生态环境，像对待生命一样对待生态环境，更加自觉地推进绿色发展、循环发展、低碳发展，坚持走生产发展、生活富裕、生态良好的文明发展道路。

党从思想、法律、体制、组织、作风上全面发力，全方位、全地域、全过程加强生态环境保护，推动划定生态保护红线、环境质量底线、资源利用上线，开展一系列根本性、开创性、长远性工作。党组织实施主体功能区战略，建立健全自然资源资产产权制度、国土空间开发保护制度、生态文明建设目标评价考核制度和责任追究制度、生态补偿制度、河湖长制、林长制、环境保护“党政同责”和“一岗双责”等制度，制定修订相关法律法规。优化国土空间开发保护格局，建立以国家公园为主体的自然保护地体系，持续开展大规模国土绿化行动，加强大江大河和重要湖泊湿地及海岸带生态保护和系统治理，加大生态系统保护和修复力度，加强生物多样性保护，推动形成节约资源和保护环境的空间格局、产业结构、生产方式、生活方式。党领导着力打赢污染防治攻坚战，深入实施大气、水、土壤污染防治三大行动计划，打好蓝天、碧水、净土保卫战，开展农村人居环境整治，全面禁止进口“洋垃圾”。开展中央生态环境保护督察，坚决查处一批破坏生态环境的重大典型案件、解决一批人民群众反映强烈的突出环境问题。我国积极参与全球环境与气候治理，作出力争 2030 年前实现碳达峰、2060 年前实现碳中和的庄严承诺，体现了负责任大国的担当。

在这里我们用几个数字来说明一下这个问题。2013 年，我国的空气质量重点监测城市中，达标的只有 3 个。而到 2020 年，全国 337 个城市中达标的数量已达到 202 个，占比近 60%。对长江生态问题，习近平总书记强调说，长江病了，病得不轻，要共抓大保护、不搞大开发。长江生态保护工程实施以来，5 年时间里，长江流域的水质优良断面比例达到 96.7%，提升了近 15 个百分点。绿水青山的“含氧量”“含金量”越来越足、越来越高。

《决议》认为，党的十八大以来，党中央以前所未有的力度抓生态文明建设，全党全国推动绿色发展的自觉性和主动性显著增强，美丽中国建设迈出重大步伐，我国生态环境保护发生历史性、转折性、全局性变化。

10. 在国防和军队建设上

《决议》指出：改革开放以后，人民军队革命化现代化正规化水平不断提高，国防实力日益增强，为国家改革发展稳定提供了可靠安全保障。党中央强调，强国必须强军、军强才能国安，必须建设同我国国际地位相称、同国家安全和发展利益相适应的巩固国防和强大人民军队。

党提出新时代的强军目标，确立新时代军事战略方针，制定到2027年实现建军一百年奋斗目标、到2035年基本实现国防和军队现代化、到本世纪中叶全面建成世界一流军队的国防和军队现代化新“三步走”战略，推进政治建军、改革强军、科技强军、人才强军、依法治军，加快军事理论现代化、军队组织形态现代化、军事人员现代化、武器装备现代化，加快机械化信息化智能化融合发展，全面加强练兵备战，坚持走中国特色强军之路。

建设强大人民军队，首要的是毫不动摇坚持党对人民军队绝对领导的根本原则和制度，坚持人民军队最高领导权和指挥权属于党中央和中央军委，全面深入贯彻军委主席负责制。有一个时期，人民军队党的领导弱化问题突出，如果不彻底解决，不仅影响战斗力，而且事关党指挥枪这一重大政治原则。党中央和中央军委狠抓全面从严治军，果断决策整肃人民军队政治纲纪，在古田召开全军政治工作会议，对新时代政治建军作出部署，恢复和发扬我党我军光荣传统和优良作风，以整风精神推进政治整训，全面加强军队党的领导和党的建设，深入推进军队党风廉政建设和反腐败斗争，坚决查处郭伯雄、徐才厚、房峰辉、张阳等严重违纪违法案件并彻底肃清其流毒影响，推动人民军队政治生态根本好转。

党提出改革强军战略，领导开展新中国成立以来最为广泛、最为深刻的国防和军队改革，重构人民军队领导指挥体制、现代军事力量体系、军事政策制度，裁减现役员额30万，形成了军委管总、战区主战、军种主建新格局。面对世界新军事革命，我们实施科技强军战略，建设创新型人民军队，建设强大的现代化后勤，国防科技和武器装备建设取得重大进展。实施人才强军战略，确立新时代军事教育方针，明确军队好干部标准，推动构建三位一体新型军事人才培养体系，培养有灵魂、有本事、有血性、有品德的新时代革命军人，锻造具有铁一般信仰、铁一般信念、铁一般纪律、铁一般担当的过硬部队。贯彻依法治军战略，构建中国特色军事法治体系，加快治军方式根本性转变。推进军人荣誉体系建设。

党提出新时代人民军队使命任务，创新军事战略指导，调整优化军事战略布局，强化人民军队塑造态势、管控危机、遏制战争、打赢战争的战略功能。人民军队紧紧扭住战斗力这个唯一的根本的标准，扭住能打仗、打胜仗这个根本指向，壮大战略力量和新域新质作战力量，加强联合作战指挥体系和能力建设，大力纠治“和平积弊”，大抓实战化军事训练，建设强大稳固的现代边海空防，坚定灵活开展军事斗争，有效应对外部军事挑衅，震慑“台独”分裂行径，遂行边防斗争、海上维权、反恐维稳、抢险救灾、抗击疫情、维和护航、人道主义救援和国际军事合作等重大任务。

《决议》认为，党的十八大以来，在党的坚强领导下，人民军队实现整体性革命性重塑、重整行装再出发，国防实力和经济实力同步提升，一体化国家战略体系和能力加快构建，建立健全退役军人管理保障体制，国防动员更加高效，军政军民团结更加巩固。人民军队坚决履行新时代使命任务，以顽强斗争精神和实际行动捍卫了国家主权、安全、发展利益。

11. 在维护国家安全上

《决议》指出：改革开放以后，党高度重视正确处理改革发展稳定关系，把维护国家安全和社会安定作为党和国家的一项基础性工作来抓，为改革开放和社会主义现代化建设营造了良好安全环境。进入新时代，我国面临更为严峻的国家安全形势，外部压力前所未有，传统安全威胁和非传统安全威胁相互交织，“黑天鹅”“灰犀牛”事件时有发生。同形势任务要求相比，我国维护国家安全能力不足，应对各种重大风险能力不强，维护国家安全的统筹协调机制不健全。党中央强调，国泰民安是人民群众最基本、最普遍的愿望。必须坚持底线思维、居安思危、未雨绸缪，坚持国家利益至上，以人民安全为宗旨，以政治安全为根本，以经济安全为基础，以军事、科技、文化、社会安全为保障，以促进国际安全为依托，统筹发展和安全，统筹开放和安全，统筹传统安全和非传统安全，统筹自身安全和共同安全，统筹维护国家安全和塑造国家安全。

习近平同志强调保证国家安全是头等大事，提出总体国家安全观，涵盖政治、军事、国土、经济、文化、社会、科技、网络、生态、资源、核、海外利益、太空、深海、极地、生物等诸多领域，要求全党增强斗争精神、提高斗争本领，落实防范化解各种风险的领导责任和工作责任。党中央深刻认识到，面对来自外部的各种围堵、打压、捣乱、颠覆活动，必须发扬不信邪、不怕鬼的精神，同企图颠覆中国共产党领导和我国社会主义制度、企图迟滞甚至阻断中华民族伟大复兴进程的一切势力斗争到底，一味退让只能换来得寸进尺的霸凌，委曲求全只能招致更为屈辱的境况。

党着力推进国家安全体系和能力建设，设立中央国家安全委员会，完善集中统一、高效权威的国家安全领导体制，完善国家安全法治体系、战略体系和政策体系，建立国家安全工作协调机制和应急管理机制。党把安全发展贯穿国家发展各领域全过程，注重防范化解影响我国现代化进程的重大风险，坚定维护国家政权安全、制度安全、意识形态安全，加强国家安全宣传教育和全民国防教育，巩固国家安全人民防线，推进兴边富民、稳边固边，严密防范和严厉打击敌对势力渗透、破坏、颠覆、分裂活动，顶住和反击外部极端打压遏制，开展涉港、涉台、涉疆、涉藏、涉海等斗争，加快建设海洋强国，有效维护国家安全。

这里值得一提的一件事是，我国排除干扰完成了南沙群岛部分驻守岛礁建设。2014 年 7 月，设立三沙市永兴（镇）工委、管委会，标志着中国在三沙市西沙岛礁首个基层政权城市雏形诞生。2015 年 10 月，华阳灯塔和赤瓜灯塔竣工发光仪式在南海华阳礁举行，填补了我国南沙水域民用导助航设施的空白，此后，渚碧灯塔、永暑灯塔和美济灯塔陆续建成发光并投入使用，维护了我国南海主权和海洋权益。这是一件我们多年想干而没有干成的事。

《决议》认为，党的十八大以来，国家安全得到全面加强，经受住了来自政治、经济、意识形态、自然界等方面的风险挑战考验，为党和国家兴旺发达、长治久安提供了有力保证。

12. 在坚持“一国两制”和推进祖国统一上

《决议》指出：香港、澳门回归祖国后，重新纳入国家治理体系，走上了同祖国内地优势互补、共同发展的宽广道路，“一国两制”实践取得举世公认的成功。同时，一个时期，受各种内外复杂因素影响，“反中乱港”活动猖獗，香港局势一度出现严峻局面。党中央强调，必须全面准确、坚定不移贯彻“一国两制”方针，坚持和完善“一国两制”制度体系，坚持依法治港治澳，维护宪法和基本法确定的特别行政区宪制秩序，落实中央对特别行政区全面管治权，坚定落实“爱国者治港”“爱国者治澳”。

党中央审时度势，作出健全中央依照宪法和基本法对特别行政区行使全面管治权、完善特别行政区同宪法和基本法实施相关制度机制的重大决策，推动建立健全特别行政区维护国家安全的法律制度和执行机制、制定《中华人民共和国香港特别行政区维护国家安全法》、完善香港特别行政区选举制度，落实“爱国者治港”原则，支持特别行政区完善公职人员宣誓制度。中央人民政府依法设立驻香港特别行政区维护国家安全公署，香港特别行政区依法设立维护国家安全委员会。中央坚定支持香港特别行政区依法止暴制乱、恢复秩序，支持行政长官和特别行政区政府依法施政，坚决防范和遏制外部势力干预港澳事务，严厉打击分裂、颠覆、渗透、破坏活动。全面支持香港、澳门更好融入国家发展大局，高质量建设粤港澳大湾区，支持港澳发展经济、改善民生，增强港澳同胞国家意识和爱国精神。这一系列标本兼治的举措，推动香港局势实现由乱到治的重大转折，为推进依法治港治澳、促进“一国两制”实践行稳致远打下了坚实基础。

解决台湾问题、实现祖国完全统一，是党矢志不渝的历史任务，是全体中华儿女的共同愿望，是实现中华民族伟大复兴的必然要求。党把握两岸关系时代变化，丰富和发展国家统一理论和对台方针政策，推动两岸关系朝着正确方向发展。习近平同志就对台工作提出一系列重要理念、重大政策主张，形成新时代党解决台湾问题的总体方略。我们推动实现1949年以来两岸领导人首次会晤、两岸领导人直接对话沟通。党秉持“两岸一家亲”理念，推动两岸关系和平发展，出台一系列惠及广大台胞的政策，加强两岸经济文化交流合作。2016年以来，台湾当局加紧进行“台独”分裂活动，致使两岸关系和平发展势头受到严重冲击。我们坚持一个中国原则和“九二共识”，坚决反对“台独”分裂行径，坚决反对外部势力干涉，牢牢把握两岸关系主导权和主动权。祖国完全统一的时和势始终在我们这一边。

《决议》认为，实践证明，有中国共产党的坚强领导，有伟大祖国的坚强支撑，有全国各族人民包括香港特别行政区同胞、澳门特别行政区同胞和台湾同胞的同心协力，香港、澳门长期繁荣稳定一定能够保持，祖国完全统一一定能够实现。

13. 在外交工作上

《决议》指出：改革开放以后，党坚持独立自主的和平外交政策，为我国发展营造了良好外部环境，为人类进步事业作出重大贡献。进入新时代，国际力量对比深刻调整，单边主义、保护主义、霸权主义、强权政治对世界和平与发展威胁上升，逆全球化思潮上升，世界进入动荡变革期。党中央强调，面对复杂严峻的国际形势和前所未有的外部风险挑战，必须统筹国内国际两个大局，健全党对外事工作领导体制机制，加强对外工作顶层设计，对中国特色大国外交作出战略谋划，推动建设新型国际关系，推动构建人类命运共同体，弘扬和平、发展、公平、正义、民主、自由的全人类共同价值，引领人类进步潮流。

党把握新时代外交工作大局，紧扣服务民族复兴、促进人类进步这条主线，高举和平、发展、合作、共赢的旗帜，推进和完善全方位、多层次、立体化的外交布局，积极发展全球伙伴关系。我们运筹大国关系，推进大国协调和合作。按照亲诚惠容理念和与邻为善、以邻为伴的周边外交方针深化同周边国家关系，稳定周边战略依托，打造周边命运共同体。秉持正确义利观和真实亲诚理念加强同广大发展中国家团结合作，整体合作机制实现全覆盖。党同世界上 500 多个政党和政治组织保持经常性联系，深化政党交流合作。适应“走出去”日益扩大的新形势，不断完善海外利益保护体系，有力应对了一系列海外利益风险挑战。

我国积极参与全球治理体系改革和建设，维护以联合国为核心的国际体系、以国际法为基础的国际秩序、以联合国宪章宗旨和原则为基础的国际关系基本准则，维护和践行真正的多边主义，坚决反对单边主义、保护主义、霸权主义、强权政治，积极推动经济全球化朝着更加开放、包容、普惠、平衡、共赢的方向发展。我国建设性参与国际和地区热点问题政治解决，在气候变化、减贫、反恐、网络安全和维护地区安全等领域发挥积极作用。我国开展抗击新冠肺炎疫情国际合作，发起新中国成立以来最大规模的全球紧急人道主义行动，向众多国家特别是发展中国家提供物资援助、医疗支持、疫苗援助和合作，展现负责任大国形象。

《决议》认为，经过持续努力，中国特色大国外交全面推进，构建人类命运共同体成为引领时代潮流和人类前进方向的鲜明旗帜，我国外交在世界大变局中开创新局、在世界乱局中化危为机，我国国际影响力、感召力、塑造力显著提升。

《决议》从13个方面对新时代作了全面总结的基础上，还概括和提炼了党领导人民创造的新时代中国特色社会主义的伟大成就，并给予充分肯定和高度评价。《决议》指出：“党的十八大以来，以习近平同志为核心的党中央领导全党全军全国各族人民砥砺前行，全面建成小康社会目标如期实现，党和国家事业取得历史性成就、发生历史性变革，彰显了中国特色社会主义的强大生机活力，党心军心民心空前凝聚振奋，为实现中华民族伟大复兴提供了更为完善的制度保证、更为坚实的物质基础、更为主动的精神力量。中国共产党和中国人民以英勇顽强的奋斗向世界庄严宣告，中华民族迎来了从站起来、富起来到强起来的伟大飞跃。”

新时代的伟大斗争和生动实践表明，思想就是旗帜，旗帜就是方向；核心就是力量，力量就是希望。坚强的党的领导核心、科学的党的创新理论与非凡的事业彼此辉映，在互动互变互促中使实现中华民族伟大复兴进入了不可逆转的历史进程。实践证明，习近平总书记是经过历史检验、实践考验、斗争历练的当之无愧的党的核心，是赢得全党全国各族人民衷心拥护爱戴的人民领袖，是实现中华民族伟大复兴的领路人。“两个确立”是党的十八大以来我们党为什么能够成功的制胜密码，更是未来我们党怎样才能继续成功的制胜密码，是实现中华民族伟大复兴最根本的政治保证和思想指引。

四、从未来维度认识把握“两个确立”

历史、现实和未来是相通的。历史、现实已经雄辩地证明了“两个确立”的决定性意义。未来，将从历史和现实中走来。在实现第二个百年奋斗目标的新征程上，我们党面临形势环境的复杂性和严峻性、肩负任务的繁重性和艰巨性世所罕见、史所罕见，我们面前仍然存在很多可以预料和难以预料的风险挑战，我们能不能应对好这些风险挑战，处理和解决好那些复杂艰难的问题，如期实现既定奋斗目标，迫切需要“两个确立”来给予引领。从未来维度认识把握“两个确立”，就是要在复杂多变的形势下，回答和解决好如何防范迟滞或中断中华民族伟大复兴历史进程的问题，如何实现第二个百年奋斗目标、全面建成社会主义现代化强国的问题，如何推动建设新型国际关系、推动构建人类命运共同体的问题。

（一）应对世界百年未有之大变局的迫切需要

1. 世界百年未有之大变局的基本特征

“世界百年未有之大变局”，是习近平总书记深刻洞察时代大势和历史规律作出的一个重大战略判断。这个判断给了我们观察世界、认识世界的一个新途径、新视角、新方法。正确认识和把握世界百年未有之大变局的基本特征，是认识大变局、适应大变局、引领大变局的前提。因为，这是未来实现中华民族伟大复兴的国际背景和外部条件。习近平总书记就世界百年未有之大变局发表过一系列重要论述，这些论述深刻阐释了世界百年未有之大变局的基本特征。学习领会习近平总书记的重要讲话精神，对这些特征，我们可以作如下两个方面的判断和概括。

一是世界百年未有之大变局是世界近代以来特别是20世纪以来最具革命性的变化。2015年11月24日，习近平总书记在中央军委改革工作会议上指出：“当前国际格局和国际体系正在发生深刻调整，全球治理体系正在发生深刻变革，国际力量对比正在发生近代以来最具革命性的变化。国内外很多人都认为，这是世界自威斯特伐利亚和约以来的大变局。”“特别是经过第二次世界大战结束以后的发展，发展中国家整体崛起，新兴市场国家实力不断壮大，世界经济版图发生深刻变化，引起国际格局和国际体系发生了前所未有的变化。”习近平总书记讲大变局时提到三个时间点：即“近代以来”“威斯特伐利亚和约以来”“第二次世界大战结束以后”。从中我们可以看到，习近平总书记赋予百年概念的内涵是开放的，强调百年未有，主要在于说明这一变局对世界历史将产生极其深刻的影响。所以，百年未有之大变局是世界近代以来特别是 20 世纪以来国际政治、经济、军事、科技等领域已经发生、正在发生的历史性革命性变化，而且这一变局仍将持续相当长一段时间，将伴随中华民族伟大复兴的全过程。

二是世界百年未有之大变局的实质是世界发展态势即国际力量分合的深刻调整。正确认识世界百年未有之大变局的实质，必须透过现象看本质。2012 年 12 月，习近平总书记指出：“要认清国家安全面临的机遇和挑战，首先要从总体上把握各种国际力量的分合，分在哪里？合向何处？我们说的世界发展态势，实质上就是指这种力量分合。”“国际金融危机发生五年来，对世界经济格局以及政治、安全形势产生了深刻影响。……这个大变局，可以说是前所未有的。”2014 年 11 月 28 日，他在中央外事工作会议上进一步提出了关于世界发展态势的五组辩证关系：“要充分估计国际格局发展演变的复杂性，更要看到世界多极化向前推进的态势不会改变。要充分估计世界经济调整的曲折性，更要看到经济全球化进程不会改变。要充分估计国际矛盾和斗争的尖锐性，更要看到和平与发展的时代主题不会改变。要充分估计国际秩序之争的长期性，更要看到国际体系变革方向不会改变。要充分估计我国周边环境中的不确定性，更要看到亚太地区总体繁荣稳定的态势不会改变。”2018 年 6 月 10 日，习近平总书记强调指出：“尽管当今世界霸权主义和强权政治依然存在，但推动国际秩序朝着更加公正合理方向发展的呼声不容忽视，国际关系民主化已成为不可阻挡的时代潮流。”“尽管各种传统和非传统安全威胁不断涌现，但捍卫和平的力量终将战胜破坏和平的势力，安全稳定是人心所向。”“尽管单边主义、贸易保护主义、逆全球化思潮不断有新的表现，但‘地球村’的世界决定了各国日益利益交融、命运与共，合作共赢是大势所趋。”“尽管文明冲突、文明优越等论调不时沉渣泛起，但文明多样性是人类进步的不竭动力，不同文明交流互鉴是各国人民共同愿望。”11 月 17 日，习近平总书记又在亚太经合组织工商领导人峰会上的主旨演讲中指出：“当今世界正处于大发展大变革大调整时期。经济全球化大潮滚滚向前，但保护主义、单边主义为世界经济增长蒙上了阴影。新科技革命和产业变革蓄势待发，但增长新旧动能转换尚未完成。国际格局深刻演变，但发展失衡未有根本改观。全球治理体系加快变革，但治理滞后仍是突出挑战。”

习近平总书记的重要论述告诉了我们以下结论：第一，世界百年未有之大变局的实质是国际力量的分合，是国力之争、制度之争、理念之争。第二，国际力量的分合所形成的国际格局有较强的稳定性和惯性，一旦形成，会在一个较长时期内相对固化下来，不会在朝夕之间发生根本性的调整改变，其突出表现就是“国际格局发展演变的复杂性”和“国际秩序之争的长期性”。第三，变与不变是一对矛盾统一体，变是绝对的，不变是相对的。最根本的一点是，各种国际力量的此消彼长、分分合合，所带来的国际格局和全球治理体系的变革需求是无法回避的，“国际体系变革方向不会改变”，“国际关系民主化已成为不可阻挡的时代潮流”。第四，站在历史发展规律的角度，大变局中的各种变量可归纳为两种，一种是霸权主义和强权政治、单边主义、贸易保护主义、逆全球化思潮等逆向变量，另一种是国际关系民主化、世界多极化、经济全球化等正向变量。两种变量之争，构成了世界百年未有之大变局中的主要矛盾，并正在深刻影响世界格局的发展态势。

2. 世界百年未有之大变局带来的机遇和挑战

大变局中的世界是一个全面变革的世界，也是一个新机遇新挑战不断出现的世界，任何一个国家都无法在大变局中置身事外，中国和中华民族也不例外。从总的形势来看，“变革会催生新的机遇，但变革过程往往充满着风险挑战”。环顾世界，大变局中的变化之大是有目共睹的。一方面，世界多极化、经济全球化、社会信息化、文化多样化深入发展，全球治理体系和国际秩序变革加速推进，国际力量对比深刻调整，新兴市场国家和发展中国家快速崛起，国际力量对比更趋均衡，世界各国人民的命运从来没有像今天这样紧密相连。另一方面，保护主义、单边主义、民粹主义、霸权主义、强权政治威胁上升，特别是俄乌局势震动全球，对国际格局和世界秩序造成重大冲击。经济低迷成为全球经济新常态，经济全球化遭遇逆流，新冠肺炎疫情影响广泛而深远，市场需求成为全球竞争最稀缺的资源，生态安全、生物安全、粮食安全等问题突出，能源供求格局出现新变化，恐怖主义、极端民族主义、原教旨主义等全球性问题不断增多，局部动荡此起彼伏，传统安全和非传统安全问题复杂交织，治理赤字、信任赤字、和平赤字、发展赤字凸显，经济问题政治化现象突出，大国关系进入全方位角力新阶段。

面对世界百年未有之大变局，进行综合分析和研判，我们可以看到，我们既面临着十分严峻的挑战，也面临着难得的发展机遇。大变局中危和机同生并存，危中有机，危可转机。一方面，经过几十年的持续发展，尤其是改革开放以来的快速发展，中国日益走近世界舞台的中央。从大变局本身来看，以中国为代表的新兴市场国家和发展中国家群体性崛起，从根本上改变了国际力量的对比，而中国则成为大变局中最大的变量。“我国同国际社会的互联互动也已变得空前紧密，我国对世界的依靠、对国际事务的参与在不断加深，世界对我国的依靠、对我国的影响也在不断加深”，“我国经济对世界经济的影响、世界经济对我国经济的影响都是前所未有的”。中国始终不渝地做世界和平的建设者、全球发展的贡献者、国际秩序的维护者。中国在与世界的联系互动中实现了历史性的发展，又以自身的发展为世界和平与发展注入了前所未有的正能量。中华民族伟大复兴注定是一场改变历史、创造未来的非凡历程。另一方面，以美国为首的西方国家不愿意看到一个强大中国的出现，更不愿意看到一个强大的社会主义中国的出现。美国将中国视为战略竞争对手，从科技、经济、政治、军事、外交等各方面对我国展开全面遏制和极限施压，企图阻挠中华民族伟大复兴的历史进程，我国面临的国际环境错综复杂。两种社会制度、两种意识形态的斗争也将是长期的、复杂的、艰巨的、严峻的。中美之间的战略博弈，势必持续一个较长的时期，我们对此必须做好充分的思想准备和工作准备。

3. 世界百年未有之大变局的应对之策

面临世界百年未有之大变局，面对“世界怎么了，我们怎么办”“建设一个什么样的世界、如何建设这个世界”等关乎人类前途命运的时代之问和世界之问，习近平总书记在外交工作中提出来的一系列重要论述，给我们以应对之策，其内容概括起来主要是：新时代中国外交的根本保证是加强党对对外工作的集中统一领导；历史使命是推进中国特色大国外交，服务中华民族伟大复兴；总目标是推动构建人类命运共同体；出发点和落脚点是坚决维护国家主权、安全、发展利益；根本要求是坚持增强战略自信；重要合作平台是积极促进“一带一路”国际合作；基本原则是坚持走和平发展道路；重要着力点是积极发展全球伙伴关系；大国担当是坚决参与全球治理体系改革和建设；最鲜明特质是塑造中国外交独特风范；能力建设是努力掌握科学思想方法和工作方法。在中国特色大国外交实践中，形成了习近平外交思想，在这一思想指引下，我国开创了新时代中国特色大国外交新局面，习近平外交思想是新时代中国特色大国外交的根本遵循和行动指南。

推动构建人类命运共同体，是习近平总书记提出的一个重大创新理念，是中国共产党人对解决世界问题贡献的中国智慧、中国方案。2013 年 3 月，习近平总书记访问俄罗斯，在莫斯科国际关系学院发表题为《顺应时代前进潮流，促进世界和平发展》的演讲。在演讲中首次阐述了人类命运共同体理念。指出，这个世界，各国相互联系、相互依存的程度空前加深，人类生活在同一个地球村，生活在历史和现实交汇的同一个时空里，越来越成为你中有我、我中有你的命运共同体。此后，习近平总书记在不同的时间、不同的场合又创造性地提出了一系列与之相关的具体理念。同年 3 月 25 日，在坦桑尼亚提出中非从来都是命运共同体。10 月 3 日，在印度尼西亚倡议携手建设更为紧密的中国—东盟命运共同体。10 月 7 日，在亚太经合组织工商领导人峰会上提出要牢固树立亚太命运共同体意识。10 月 24 日，在周边外交工作座谈会上提出，要把中国梦同周边各国人民过上美好生活的愿望、同地区发展前景对接起来，让命运共同体意识在周边国家落地生根。2014 年 7 月，在中国同拉美和加勒比国家领导人集体会晤上，习近平总书记呼吁中拉双方努力构建携手共进的命运共同体，共创中拉关系美好未来。11 月，在中央外事工作会议上提出打造周边命运共同体，深化同周边国家的互利合作和互联互通。2015 年 3 月，在博鳌亚洲论坛 2015 年年会上进一步提出，要通过迈向亚洲命运共同体，推动建设人类命运共同体。9 月，习近平总书记在纽约联合国总部出席第七十届联合国大会一般性辩论并发表题为《携手构建合作共赢新伙伴，同心打造人类命运共同体》的讲话，首次阐明了打造人类命运共同体的总路径和总布局。讲话指出，建立平等相待、互商互谅的伙伴关系；营造公道正义、共建共享的安全格局；谋求开放创新、包容互惠的发展前景；促进和而不同、兼收并蓄的文明交流；构筑尊崇自然、绿色发展的生态体系；将自身发展经验和机遇同世界各国分享，欢迎各国搭乘中国发展“顺风车”，一起实现共同发展。讲话把构建以合作共赢为核心的新型国际关系与打造人类命运共同体紧密相连，进一步丰富和发展了人类命运共同体理念。此后，在国际组织召开的各种会议上，习近平总书记继续深入阐述这一理念。2017 年 1 月，习近平总书记在日内瓦万国宫出席“共商共筑人类命运共同体”高级别会议，并发表题为《共同构建人类命运共同体》的主旨演讲，呼吁国际社会共同推进构建人类命运共同体伟大进程。演讲指出，构建人类命运共同体，国际社会要从伙伴关系、安全格局、经济发展、文明交流、生态建设等方面作出努力。要坚持对话协商，建设一个持久和平的世界；要坚持共建共享，建设一个普遍安全的世界；要坚持合作共赢，建设一个共同繁荣的世界；要坚持交流互鉴，建设一个开放包容的世界；要坚持绿色低碳，建设一个清洁美丽的世界。演讲对构建人类命运共同体的科学内涵作了全面的阐述，使这一理念从概念范畴丰富发展成为比较完整的思想体系。3 月，联合国安理会召开会议，在联合国安理会通过的第 2344 号决议文件中，“构建人类命运共同体”被写入文件，这个理念弘扬了和平、发展、公平、正义、民主、自由的全人类共同价值，引领了人类进步潮流，得到了全世界广大国家的广泛认同。构建人类命运共同体，是解决世界问题的重要理念，是指明世界历史发展方向的重要答案，鲜明地体现了中国共产党人的全球视野，鲜明地体现了中国人民的博大胸怀，鲜明地体现了中华民族的聪明智慧。

共建“一带一路”是中国提供给世界的最佳国际公共产品，是中国人民践行“构建人类命运共同体”的最好平台和实践载体。2013 年 9 月，习近平总书记访问哈萨克斯坦，在纳扎尔巴耶夫大学发表演讲，指出：“为了使我们欧亚各国经济联系更加紧密、相互合作更加深入、发展空间更加广阔，我们可以用创新的合作模式，共同建设‘丝绸之路经济带’。这是一项造福沿途各国人民的大事业。”这是习近平总书记提出的“一带”。10月，习近平总书记访问印度尼西亚，在印度尼西亚国会发表演讲，指出：“东南亚地区自古以来就是‘海上丝绸之路’的重要枢纽，中国愿同东盟国家加强海上合作，使用好中国政府设立的中国—东盟海上合作基金，发展好海洋合作伙伴关系，共同建设21世纪‘海上丝绸之路’。”这是习近平总书记提出的“一路”。“一带”“一路”相加就构成“一带一路”。“一带一路”倡议根植于历史，但面向未来；源自中国，但属于世界。它的提出就是为了回答世界面临的现实问题和回应时代的声音。我们要将“一带一路”建设成和平之路、繁荣之路、开放之路、创新之路、文明之路；我们秉持的建设原则是共商、共建、共享；我们推进“一带一路”的合作重点是“五通”，即政策沟通、设施联通、贸易畅通、资金融通、民心相通；我们推进“一带一路”建设要努力打造三个共同体：利益共同体、责任共同体、命运共同体；我们推进建设“一带一路”，要大力弘扬

“和平合作，开放包容，互学互鉴，互利共赢”的丝路精神。“一带一路”建设对促进全球经济振兴、促进世界和平稳定产生了积极深远的影响。“一带一路”涉及的沿线国家，有的是发达国家，有的是发展中国家，还有的是新兴经济体国家；有的地处内陆，有的地处海洋；有的是大国，有的是小国。从东到西、双向对应的一条陆路和一条海路将沿线的各个国家连接起来。由点到面、由线到片，再不断向前延伸和向外辐射，形成一个南北呼应、东西互济、影响世界的整体观念。“一带一路”倡议提出后，世界各国积极响应，全球180多个国家和国际组织积极支持和参与，联合国大会、联合国安理会等重要决议也纳入“一带一路”建设的内容。“一带一路”已经成为当今世界深受欢迎的国际公共产品和国际合作平台。

党的十八大以来，我国积极开展中国特色大国外交，以元首外交为引领，以主场外交为重点，以共建“一带一路”为载体，积极参与全球治理，广交朋友、深交朋友，树立大国的良好形象，创造了良好的外部环境。只要我们充分发挥中国共产党领导和中国特色社会主义的政治优势、制度优势，统筹做好战略性谋划、系统性应对，打好主动仗、持久战、总体战，在变局中开创新局，在乱局中化危为机，就会引领世界发展的正确方向，为人类开辟更加美好的未来。

从未来维度认识把握“两个确立”，我们可以看到，“两个确立”为应对世界百年未有之大变局提供了重要保障。

（二）防范和应对各种风险挑战，实现中华民族伟大复兴中国梦的迫切需要

1. 中华民族伟大复兴处在关键时期

党的十八大站在了一个新的历史起点上。在新的历史条件下，要续写坚持和发展中国特色社会主义这篇大文章，需要凝心聚力、精神支撑、目标引领。党的十八大对实现“两个一百年”奋斗目标作出了安排部署，习近平总书记发出了实现中华民族伟大复兴中国梦的时代强音。中国梦成为中国走向未来的鲜明指引，成为中华民族团结奋斗的最大公约数和最大同心圆，成为激励海内外中华儿女团结奋进、开辟未来的一面精神旗帜。

党的十九大擘画了实现“两个一百年”奋斗目标、实现中华民族伟大复兴中国梦的宏伟蓝图。大会指出，从现在到2020年，是全面建成小康社会决胜期。要按照党的十六大、十七大、十八大提出的全面建成小康社会各项要求，突出抓重点、补短板、强弱项，特别是要坚决打好防范化解重大风险、精准脱贫、污染防治的攻坚战，使全面建成小康社会得到人民认可、经得起历史检验。从党的十九大到二十大，是“两个一百年”奋斗目标的历史交汇期。既要全面建成小康社会、实现第一个百年奋斗目标，又要乘势而上开启全面建设社会主义现代化国家新征程，向第二个百年奋斗目标进军。大会综合分析了国际国内形势和我国发展条件，提出从2020年到本世纪中叶可以分两个阶段来安排：第一个阶段，从2020年到2035年，在全面建成小康社会的基础上，再奋斗15年，基本实现社会主义现代化。第二个阶段，从2035年到本世纪中叶，在基本实现现代化的基础上，再奋斗15年，把我国建成富强民主文明和谐美丽的社会主义现代化强国。

习近平总书记在发出为实现中华民族伟大复兴中国梦而不懈奋斗的号召时，曾多次指出，今天，我们比历史上任何时期都更接近中华民族伟大复兴的目标，比历史上任何时期都更有信心、更有能力实现这个目标。同时，他又反复强调：“行百里者半九十。中华民族伟大复兴，绝不是轻轻松松、敲锣打鼓就能实现的。全党必须准备付出更为艰巨、更为艰苦的努力。”“越是接近民族复兴越不会一帆风顺，越充满风险挑战乃至惊涛骇浪。”“我们面临的各种斗争不是短期的而是长期的，至少要伴随我们实现第二个百年奋斗目标全过程。”“我们越发展壮大，遇到的阻力和压力就会越大，面临的外部风险就会越多。这是我国由大向强发展进程中无法回避的挑战，是实现中华民族伟大复兴绕不过的门槛。”“我们现在所处的，是一个船到中流浪更急、人到半山路更陡的时候，是一个愈进愈难、愈进愈险而又不进则退、非进不可的时候。”防范各种风险挑战，特别是防范出现迟滞或中断实现中华民族伟大复兴的风险，至关重要。

中华民族是世界上伟大的民族，有着 5000 多年源远流长的文明历史，为人类文明进步作出了不可磨灭的贡献。1840 年鸦片战争以后，由于西方列强的入侵和封建统治的腐败，中国逐步成为半殖民地半封建社会，国家蒙辱、人民蒙难、文明蒙尘，中华民族遭受了前所未有的劫难。从那时起，实现中华民族伟大复兴，就成为中国人民和中华民族最伟大的梦想。中国进入近代以后，推进现代化、实现中华民族伟大复兴的历史进程，多次被迟滞，多次被打断。远的不说，日本帝国主义对中国的侵略就打断了两次。一次是 1894 年发生的中日甲午战争，一次是 1931 年至 1945 年日本的侵华战争。甲午战争，中国战败，1895 年中国被迫签订《马关条约》，对日割地赔款。中国赔款 2 亿两白银，割让了台湾、澎湖列岛及辽东半岛。由于辽东半岛涉及俄德法三国的利益，三国联合其他国家干预后，日本被迫归还辽东半岛，但中国又被迫缴纳赎金 3000 万两白银。中国的赔款大大加快了日本的现代化进程，而中国却背负了沉重的债务。从 1931 年九一八事变发生到 1945 年抗战胜利，中国的抗战长达 14 年之久，日本帝国主义给中国人民造成了严重的生命和财产损失。按 1937 年的比价计算，中国直接损失 1000 亿美元，间接损失 5000 亿美元，中国在战争中人口伤亡达 3500 万人。历史的往事刻骨铭心，历史的悲剧绝不允许重演。

2. 化险为夷、转危为安，从容应对各种风险挑战

随着中华民族伟大复兴进程的推进，我们面临的各种风险挑战越来越大、越来越多。现在我国国家安全内涵和外延比历史上任何时候都要丰富，时空领域比历史上任何时候都要宽广，内外因素比历史上任何时候都要复杂。国家安全已经涵盖政治、军事、国土、经济、文化、社会、科技、网络、生态、资源、核、海外利益、太空、深海、极地、生物等诸多领域，无所不在，而且将随着社会发展不断拓展。同时，各种威胁和挑战联动效应明显，各种矛盾风险挑战源、各类矛盾风险挑战点相互交织、相互作用，今后一个时期，我们将面对更多逆风逆水的外部环境。从内部环境来看，“各方面风险不断积累甚至集中显露”。政治安全风险、意识形态安全风险、经济发展风险、科技安全风险、社会稳定风险、生态安全风险、生物安全风险、党的建设面临的风险越来越复杂。主要表现是，政治和意识形态上面临“西化分化陷阱”，经济和社会发展上面临“中等收入陷阱”。我国发展不平衡不充分问题仍然突出，创新能力不适应高质量发展要求，农业基础还不稳固，城乡区域发展和收入分

配差距较大，生态环保任重道远，民生保障存在短板，社会治理还有弱项，党的建设面临的“四大考验”“四种危险”复杂严峻。

同时，各种风险往往不是孤立存在的，很可能会相互叠加、相互交织、相互转化、相互作用并形成一个风险综合体，使小风险发展为大风险、外部风险转化为内部风险、经济风险演变为政治风险，甚至可能出现迟滞或中断中华民族伟大复兴进程的全局性风险，对此必须高度警惕。

关于这些风险挑战，习近平总书记多次作出深刻分析、提出明确要求。2018 年 1 月 5 日，他在新进中央委员会的委员、候补委员和省部级主要领导干部学习贯彻习近平新时代中国特色社会主义思想和党的十九大精神研讨班开班式的讲话中，列举了 8 个方面存在的 16 个具体风险点；2019 年 1 月 21 日，他在省部级主要领导干部坚持底线思维着力防范化解重大风险专题研讨班开班式的讲话中，又讲了 9 个方面存在的风险。习近平总书记强调指出，我们既要高度警惕“黑天鹅”事件，也要防范“灰犀牛”事件；既要有防范风险的先手，也要有应对和化解风险挑战的高招；既要打好防范和抵御风险的有准备之战，也要打好化险为夷、转危为机的战略主动战。正像习近平总书记所指出的那样：“当今世界正处于大发展大变革大调整时期，我们要具备战略眼光，树立全球视野，既要有风险忧患意识，又要有历史机遇意识，努力在这场百年未有之大变局中把握航向。”

从未来维度认识把握“两个确立”，我们可以看到，“两个确立”为防范和应对各种风险挑战、实现中华民族伟大复兴提供了根本保障。

（三）推进党的自我革命，走好新的赶考之路的迫切需要

1.“四大考验”和“四种危险”的长期性、复杂性、严峻性、尖锐性

中国共产党是中国工人阶级的先锋队，同时是中国人民和中华民族的先锋队。党的宗旨是全心全意为人民服务。“中国共产党从来不代表任何利益集团、任何权势团体、任何特权阶层的利益。”我们党长期执政，面临的“四大考验”是

长期的、复杂的，面临的“四种危险”是尖锐的、严峻的，最大风险就是内部变质、变色、变味。我们党高度重视党的建设，在不同的历史时期，将党的建设作为“伟大的工程”“新的伟大工程”“新时代的伟大工程”来实施，以此来不断保证党的先进性和纯洁性。延安时期，毛泽东同志与黄炎培先生有一个著名的“窑洞对”；在党的七届二中全会上，毛泽东同志提出了“两个务必”的重要论断；党中央机关迁移北平时，毛泽东同志与周恩来同志有一段经典的“进京赶考”的对话。这些都是我们党保持清醒、经受考验的生动故事。1945 年 7 月初，黄炎培先生等 6 位国民参政员由重庆到延安进行考察。毛泽东与黄炎培等进行了多次交谈。有一次毛泽东问黄炎培的感想怎么样？黄炎培说：我生60多年，耳闻的不说，所亲眼看到的，真所谓“其兴也浡焉”，“其亡也忽焉”，一人，一家，一团体，一地方，乃至一国，不少不少单位都没有能跳出这周期率的支配力。一部历史，“政怠宦成”的也有，“人亡政息”的也有，“求荣取辱”的也有，总之没有能跳出这周期率。中共诸君从过去到现在，我略略了解的了，就是希望找出一条新路，来跳出这周期率的支配。毛泽东同志回答说：“我们已经找到新路，我们能跳出这周期率。这条新路，就是民主。只有让人民来监督政府，政府才不敢松懈。只有人人起来负责，才不会人亡政息。”1949 年 3 月，在全国胜利的前夕，我们党召开七届二中全会，着重讨论党的工作重心的战略转移问题。针对党所处的历史方位发生的根本性变化，毛泽东同志在会上发表讲话提出了“两个务必”的重要论断，这就是“务必使同志们继续地保持谦虚、谨慎、不骄、不躁的作风，务必使同志们继续地保持艰苦奋斗的作风”。3 月 23 日，党中央机关由河北省建屏县西柏坡（今属河北省平山县）迁往北平，出发时，毛泽东同志对周恩来同志说，今天是进京的日子，进京赶考去。周恩来笑着回答说，我们应当都能考试及格，不要退回来。毛泽东接着说，退回来就失败了。我们决不当李自成，我们都希望考个好成绩。这段对话展现了中国共产党人面临执政大考的清醒和坚定。中国共产党在中国执政已经 70 多年了，实行改革开放也已经 40 多年了。我们党经受了一次次的大考，向人民交上了一份份优异的答卷。但是，执政使命艰巨，考验未有穷期。党风廉政建设永远在路上，全面从严治党永远在路上。我们党面临的执政考验、改革开放考验、市场经济考验、外部环境考验是长期的、复杂的，党面临的精神懈怠危险、能力不足危险、脱离群众危险、消极腐败危险是尖锐的、严峻的。

2. 坚持自我革命，确保党不变质、不变色、不变味

习近平总书记强调指出：我们党历经百年，成就辉煌，党内党外、国内国外赞扬声很多。越是这样越要发扬自我革命精神，千万不能在一片喝彩声中迷失自我。全党同志要永葆自我革命精神，增强全面从严治党永远在路上的政治自觉，决不能滋生已经严到位、严到底的情绪！要保持头脑清醒，对全党的思想、组织、作风、廉洁等情况要有客观正确的认识和把握。要居安思危，时刻警惕我们这个百年大党会不会变得老态龙钟、疾病缠身。对党的历史上走过的弯路、经历的曲折不能健忘失忆，对中外政治史上那些安于现状、死于安乐的深刻教训不能健忘失忆；对自身存在的问题不能反应迟钝，处理动作慢腾腾、软绵绵，最终人亡政息！要以伟大自我革命引领伟大社会革命，以伟大社会革命促进伟大自我革命，确保党在新时代坚持和发展中国特色社会主义的

历史进程中始终成为坚强领导核心。

我们党历史这么长、规模这么大、执政这么久，如何跳出治乱兴衰的历史周期率？毛泽东同志与黄炎培先生在延安的“窑洞对”给出了第一个答案。经过百年奋斗特别是党的十八大以来新的实践，我们党又给出了第二个答案，这就是自我革命。勇于自我革命是我们党区别于其他政党的显著标志。正是因为我们党具备了这种独有的政治品格，才能穿越百年风风雨雨，多次在危难之际重新奋起、失误之后拨乱反正，成为打不倒、压不垮的马克思主义政党。“不私，而天下自公。”我们党没有任何自己特殊的利益，这是我们党敢于自我革命的勇气之源、底气所在。正因为无私，才能本着彻底的唯物主义精神经常检视自身、常思己过，才能摆脱一切利益集团、权势团体、特权阶层的围猎腐蚀，并向党内被这些集团、团体、阶层所裹挟的人开刀。

我们党之所以伟大，不在于不犯错误，而在于从不讳疾忌医，敢于直面问题，勇于自我革命。进行自我革命，必须不断同一切影响党的先进性、弱化党的纯洁性的问题作坚决斗争，实现自我净化、自我完善、自我革新、自我提高。自我净化，就是要过滤杂质、清除毒素、割除毒瘤，教育引导全党坚定理想信念宗旨，自觉抵御各种腐朽思想侵蚀，提高政治免疫力，同时聚焦突出问题，自觉向体内病灶开刀，清除一切侵蚀党的健康肌体的病毒；自我完善，就是要修复肌体、健全机制、丰富功能，着眼于加强党的长期执政能力建设，着力补短板、强弱项，不断构建系统完备、科学规范、运行有效的制度体系，完善决策科学、执行坚决、监督有力的权力运行机制；自我革新，就是要与时俱进、自我超越，善于调动全党积极性、主动性、创造性，坚决破除一切不合时宜的思想观念和体制机制弊端，通过改革和制度创新压缩腐败现象生存空间和滋生土壤，营造风清气正的政治生态；自我提高，就是要有新本领、新境界，永不僵化、永不停滞，在学习实践中砥砺品格、增长才干，全面增强执政本领，不断提升政治境界、思想境界、道德境界，永葆党的生机活力。“四个自我”形成了依靠党自身力量发现问题、纠正偏差、推动创新、实现执政能力整体性提升的良性循环。事实证明，只要我们始终不忘党的性质宗旨，勇于直面自身存在的问题，以刮骨疗毒的决心和意志消除一切损害党的先进性和纯洁性的因素，就能够形成党长期执政条件下实现“四个自我”的有效途径。

从未来维度认识把握“两个确立”，我们可以看到，“两个确立”为坚持党的自我革命、走好新的赶考之路提供了坚强的政治保障。

五、从实践维度认识把握“两个确立”

“两个确立”，是马克思主义政党建设的根本要求，是总结党的百年奋斗历程的重要经验，是新时代党和国家取得历史性成就、发生历史性变革的根本原因，是党的十八大以来党取得的最大政治成果，是赢得未来的根本政治保证。从实践维度认识把握“两个确立”，就是全党同志尤其是党员领导干部，必须解决好领悟“两个确立”、拥护“两个确立”、落实“两个确立”、捍卫“两个确立”的问题，从而坚决做到“两个维护”。

作为实践中的最大政治要求，“两个确立”不是口号，而是重大的政治，“两个确立”不是抽象的，而是具体的。拥护“两个确立”、做到“两个维护”，也不是空喊口号，而是要体现和落实到实际行动中。要不断增强对“两个确立”的政治认同、思想认同、理论认同、情感认同，把“两个确立”真正转化为坚决做到“两个维护”的政治自觉、思想自觉、行动自觉。

（一）抓住一个根本：强化理论武装

1. 明确学习目的

习近平新时代中国特色社会主义思想开辟了当代中国马克思主义、21世纪马克思主义新境界，是建设坚强有力的马克思主义执政党、确保党长期执政和国家长治久安的思想旗帜，是在新的历史起点上坚持和发展中国特色社会主义的根本指针，是实现中华民族伟大复兴的行动指南，是引领世界百年未有之大变局、推进人类文明进步事业的理论指导。深入学习贯彻习近平新时代中国特色社会主义思想，是全党一项长期的重大政治任务，是广大党员、干部的基本功、必修课。列宁在《唯物主义和经验评判主义》一文中曾将马克思主义理论体系生动地比喻为“一块整钢”，习近平新时代中国特色社会主义思想就是这样“一块整钢”。我们必须以系统思维、整体视角、贯通观点加深认识和理解，不断增强贯彻落实的自觉性和坚定性。

习近平总书记指出：“理论修养是干部综合素质的核心，理论上的成熟是政治上成熟的基础，政治上的坚定源于理论上的清醒。从一定意义上说，掌握马克思主义理论的深度，决定着政治敏感的程度、思维视野的广度、思想境界的高度。”“时代是思想之母，实践是理论之源。实践发展永无止境，我们认识真理、进行理论创新就永无止境。”加强理论武装，才能做到思想上紧紧跟随。思想引领实践，认识影响行动。深刻领悟“两个确立”、坚决做到“两个维护”，思想上的紧紧跟随和深刻认同，是基础，是前提。要坚持把学习贯彻习近平新时代中国特色社会主义思想作为首要政治任务，在学懂弄通做实上下功夫。要深刻理解习近平新时代中国特色社会主义思想所彰显的时代意义、理论意义、实践意义、世界意义，所蕴含的核心要义、精神实质、丰富内涵、实践要求，所体现的习近平总书记的政治勇气、历史担当、人民情怀和人格魅力，努力掌握贯穿其中的马克思主义立场、观点、方法，力求学深学透、入脑入心、学以致用，切实把理想信念的坚定内化为深刻认同核心的自觉，筑牢信仰之基、补足精神之钙、把稳思想之舵，坚定对中国特色社会主义的道路自信、理论自信、制度自信、文化自信，切实把习近平新时代中国特色社会主义思想作为政治上的灵魂、思想上的旗帜、行动上的指南。

要在学习中涵养正气，淬炼思想，升华境界，指导实践，推动工作。真正学出坚定信仰，学出绝对忠诚，学出人民情怀，学出责任担当，学出过硬作风，学出能力水平。习近平总书记强调指出：“信仰、信念、信心，任何时候都至关重要。”“无论过去、现在还是将来，对马克思主义的信仰，对中国特色社会主义的信念，对实现中华民族伟大复兴中国梦的信心，都是指引和支撑中国人民站起来、富起来、强起来的强大精神力量。”通过理论学习和理论武装，建立起信仰，建立起信念，建立起信心，这才是最根本、最关键、最重要的。这是深刻领悟“两个确立”，坚决做到“两个维护”最牢靠的根基。

要在学习中掌握贯穿这一思想中的马克思主义立场、观点、方法。马克思主义的精神实质在于其立场、观点、方法，马克思主义的生命力也在于其立场、观点、方法。学习习近平新时代中国特色社会主义思想，不仅要学习领会这一思想的重要论述，还要学习习近平总书记的科学思想方法和工作方法。在习近平总书记的科学思想方法和工作方法中，内含的七大思维十分重要。这就是战略思维、历史思维、辩证思维、创新思维、法治思维、底线思维、系统思维。只有学习领会了这七大思维，我们才能领悟习近平总书记是如何以战略思维布全局的，如何以历史思维观大势的，如何以辩证思维抓根本的，如何以创新思维添活力的，如何以法治思维求善治的，如何以底线思维补短板的，如何以系统思维谋整体的。我们还要学习习近平总书记的领导作风和工作作风，并在实践中发扬光大、认真践行。这就是：学用结合，知行统一；一分部署，九分落实；“三严三实”，求真务实；老老实实做人，踏踏实实做事；不尚空谈，实干兴邦；不尚虚谈，多务实功；坚持问题导向、目标导向、结果导向；以钉钉子精神抓落实；一张蓝图绘到底；慎终如始，善始善终，善做善成；滚石上山，抓铁有痕，踏石留印；锲而不舍，久久为功；等等。

2. 丰富学习内容

我们党是一个重视理论创新、也善于理论创新的党。在党的百年历史上，我们党不断推进马克思主义中国化时代化，创立和形成了一个又一个理论创新成果。习近平新时代中国特色社会主义思想，是当代中国马克思主义、21 世纪马克思主义。理论创新每前进一步，理论武装就要跟进一步。这是我们党的一条重要经验，也是我们党的一个重要政治优势。深刻领悟“两个确立”，坚决做到“两个维护”，就要坚持不懈地用习近平新时代中国特色社会主义思想武装头脑、指导实践、推动工作。而要做到这一点，首先必须读原著、学原文、悟原理，这是基本的前提。

党的十八大以来，经党中央批准，有关部门编辑出版了一系列习近平总书记的著作，为我们进行理论武装提供了最权威的教材。简要梳理近年来出版的习近平总书记的综合文集主要有《习近平谈治国理政》第一卷、第二卷、第三卷；专题文集主要有习近平《论坚持党对一切工作的领导》《论坚持人民当家作主》《论坚持全面深化改革》《论坚持全面依法治国》《论把握新发展阶段、贯彻新发展理念、构建新发展格局》《论党的宣传思想工作》《论坚持人与自然和谐共生》《论坚持推动构建人类命运共同体》《论中国共产党历史》《习近平谈“一带一路”》《论“三农工作”》《习近平书信选集》第一卷，《习近平外交演讲集》第一卷、第二卷等；专题论述摘编主要有《习近平关于全面从严治党论述摘编》《习近平关于实现中华民族伟大复兴的中国梦论述摘编》《习近平关于全面建成小康社会论述摘编》《习近平关于社会主义政治建设论述摘编》《习近平关于社会主义经济建设论述摘编》《习近平关于社会主义文化建设论述摘编》《习近平关于社会主义社会建设论述摘编》《习近平关于社会主义生态文明建设论述摘编》《习近平关于严明党的纪律和规矩论述摘编》《习近平关于坚持和完善党和国家监督体系论述摘编》《习近平关于“三农”工作论述摘编》《习近平扶贫论述摘编》《习近平关于科技创新论述摘编》《习近平关于总体国家安全观论述摘编》《习近平关于网络强国论述摘编》《习近平关于防范风险挑战、应对突发事件论述摘编》《习近平关于尊重和保障人权论述摘编》《习近平关于党的群众路线教育实践活动论述摘编》《习近平关于“不忘初心、牢记使命”论述摘编》《习近平关于注重家庭家教家风建设论述摘编》《习近平关于全面从严治党论述摘编（2021年版）》《习近平关于青少年和共青团工作论述摘编》等，还有《十八大以来重要文献选编》上、中、下，《十九大以来重要文献选编》上、中等。习近平总书记在国际国内主要会议和活动中发表重要讲话后，新华社一般都要发通稿，人民出版社都及时出版单行本。《求是》杂志改版后，每一期都要发表一篇总书记的重要讲话，作为本期的主题内容。这些都是习近平总书记的原著、原文，是我们常读常学的内容，对习近平总书记的有关专题论述，相关部门、相关领域和相关地方的同志，更应该深钻细研。

除此之外，结合实际，我们还要学习马克思、恩格斯、列宁的基本著作，学习毛泽东、邓小平、江泽民、胡锦涛同志的著作，学习党的历史文献，学习党史、新中国史、改革开放史、社会主义发展史，学习党的十二大以来党的历次代表大会的报告和历次中央全会的决定决议等。学习这些文献和著作，对我们了解习近平新时代中国特色社会主义思想的理论基础和思想渊源有极大的帮助，会加深理解习近平新时代中国特色社会主义思想的核心要义和精神实质。

为了帮助党员、干部全面深入学习领会习近平新时代中国特色社会主义思想，中央有关部门，需要在党中央的统一部署下，继续编写习近平总书记的最新著作作为学习教材，还要组织广大社科理论工作者深入进行研究，为这一思想提供坚实的学理支撑。

3. 创新学习形式和方法

我们党在推进理论武装的过程中，创造了许多行之有效的学习形式和方法。比如，党委（党组）理论学习中心组学习形式，各级党组织的“三会一课”学习形式，各级党校（行政学院）、干部学院党员、干部脱产学习形式，举办各种培训班、研讨班、讲座学习形式，等等。近年来，结合全党开展的主题教育实践活动，各级党组织探索和创新了许多新的形式和方法，这些形式和方法主要有：开展主题党日活动，组织考察调研，参观瞻仰革命遗址遗迹，参观中国共产党历史展览馆、各地党的历史重大事件和重要人物纪念馆、展览馆，瞻仰各地革命烈士陵园，等等。组织收看中央媒体实况转播的党和国家纪念、庆祝等重大活动，“七一”勋章、共和国勋章、“八一”勋章颁授仪式，烈士纪念日敬献花篮仪式，等等。这些形式和方法都行之有效，要继续坚持，并要在实践中不断完善和发展。同时，结合新的实际和新的情况，要勇于进行大胆探索和创新。

在学习中，我们要发扬马克思主义的优良学风，深入学，持久学，刻苦学，全面系统学，及时跟进学，带着问题学，联系实际学。第一，要自觉主动学。强化学习自觉，增强学习内生动力，利用业余时间刻苦学习。第二，要及时跟进学。习近平总书记发表的最新讲话，党中央作出的新的决策部署、出台新的文件，都要第一时间学习领会。做到学习跟进，认识跟进，行动跟进。第三，要联系实际学。要弘扬理论联系实际的学风，紧密联系思想和工作实际，把研究解决问题作为学习的着眼点，决不能坐而论道。第四，笃信笃行学。要学而信，从渐悟走向顿悟，掌握马克思主义立场、观点、方法，学而行，学以致用，身体力行。

（二）营造一个氛围：加大舆论宣传

1. 进行理论阐释

近年来，中央有关部门组织编写的《习近平总书记系列重要讲话读本》《习近平总书记系列重要讲话读本（2016年版）》《习近平新时代中国特色社会主义思想三十讲》《习近平新时代中国特色社会主义思想学习纲要》《习近平新时代中国特色社会主义思想学习问答》《习近平外交思想学习纲要》《习近平法治思想学习纲要》《总体国家安全观学习纲要》等，在学习宣传习近平新时代中国特色社会主义思想中发挥了重要作用。党的理论工作者和社会科学工作者编写的《习近平用典》《习近平讲故事》《新中国发展面对面》《中国制度面对面》《新征程面对面》《百年大党面对面》等图书出版发行后也受到广大读者的好评。从中央到地方的党报、电视、广播、网络都开辟了理论学习专版、专栏、专题，刊发理论热点面对面、学习问答，制作电视政论片、电视文献片，有效地传播和普及了党的创新理论。中央有关部门和地方成立了习近平新时代中国特色社会主义思想研究中心，举办了系列理论研讨会、座谈会、报告会和高端论坛，统筹网上网下，推出了一大批重头理论文章。加强和改进学校思想政治课教育教学，推动了习近平新时代中国特色社会主义思想进教材、进课堂、进头脑。随着时代的前进，实践的发展，习近平新时代中国特色社会主义思想也必然会进一步丰富发展。对这一思想的丰富发展，理论阐释和宣传，必须及时跟进，加快速度，加大力度。

2. 搞好新闻和社会宣传

要宣传报道好中国共产党成立、中华人民共和国成立、党的十一届三中全会召开、中国人民抗日战争暨世界反法西斯战争胜利、中国人民解放军建军、中国人民志愿军出国作战、古田会议召开、遵义会议召开等逢十逢五或逢年纪念日、庆祝日以及开展的各项活动。宣传报道好已故党和国家领导人毛泽东、周恩来、刘少奇、朱德、邓小平、陈云同志等老一辈革命家和革命先驱李大钊等同志的诞辰纪念活动。组织新闻媒体围绕重大宣传主题，开展大型专题采访报道活动。在各党报开辟理论学习专版，围绕重要专题进行学习讨论。组织开展群众性主题宣传教育活动，利用革命旧址、革命纪念馆、烈士陵园等红色资源，组织开展新党员入党宣誓活动、党员重温入党誓词活动。组织党员领导干部、优秀共产党员、优秀党务工作者、老党员等讲党课。在各级电视台等新闻媒体和党员教育平台开设专题专栏，集中展播一批精品党课。广泛组织开展理论学习专题宣讲活动，邀请理论工作者、实际工作者、重要历史事件的亲历者和见证者到基层开展巡回宣讲。开展红色题材影视剧展演展播。

组织新媒体利用微电影、微视频等开展历史和理论的专题制作和宣传。组织大中小学生开展专题党团队活动。有计划地组织党员、干部、群众就近开展国情调研和实地考察。

这些新闻宣传的方式、方法、手段、途径等都是行之有效的，要持之以恒地坚持下去。

在社会宣传中，要继续善于利用生动活泼、形式多样的文艺形式，利用群众喜闻乐见的书法、美术、音乐、舞蹈、戏剧、摄影等多种载体，让理论“飞入寻常百姓家”，让党的创新理论在党员、干部、群众中入心入脑，生根开花。

3. 善于激浊扬清

要坚决反对历史虚无主义。历史虚无主义的实质是否定党的领导，否定我国社会主义制度。历史虚无主义形形色色，打着各种各样的旗号，善于使用“偷换概念”“移花接木”“断章取义”的手法，善于借用“当事人”的身份和口吻，善于利用所谓“史料新发现”“学术新发明”，极尽造谣、歪曲、污蔑之能事，制造思想混乱。散布历史虚无主义的人，主要是国内外敌对势力。但对不了解历史、不明真相的一些群众有很大的欺骗性。要加强对网络和新媒体的管理，坚决删除和封堵有害信息。要加大正面新闻宣传的引导力度，要坚持网上来、网上去，廓清是非，激浊扬清，更好正本清源、固本培元。还要防范和抵制有些地方出现的低级红、高级黑现象，警惕别有用心的人用这种手段达到抹黑党、抹黑党的领袖的险恶目的。

（三）形成一个常态：严肃执纪问责

1. 明确主体责任和监督责任

《关于新形势下党内政治生活的若干准则》规定，对否定党的领导、否定我国社会主义制度、否定改革开放的言行，对歪曲、丑化、否定中国特色社会主义的言行，对歪曲、丑化、否定党的历史、中华人民共和国历史、人民军队历史的言行，对歪曲、丑化、否定党的领袖和英雄模范的言行，对一切违背、歪曲、否定党的基本路线的言行，必须旗帜鲜明反对和抵制。党员、干部特别是高级干部在大是大非面前，不能态度暧昧，不能动摇基本政治立场，不能被错误言行所左右。当人民利益受到损害、党和国家形象受到破坏、党的执政地位受到威胁时，要挺身而出、亮明态度，主动坚决开展斗争。

全党必须牢固树立“四个意识”，自觉在思想上政治上行动上同以习近平同志为核心的党中央保持高度一致。全体党员特别是高级干部都要向党中央看齐，向党的理论和路线方针政策看齐，向党中央决策部署看齐，做到党中央提倡的坚决响应，党中央决定的坚决执行，党中央禁止的坚决不做。涉及全党全国性的重大方针政策问题，只有党中央有权作出决定和解释。各部门各地方党组织和党员领导干部可以向党中央提出建议，但不得擅自作出决定和对外发表主张。全党必须严格执行重大问题请示报告制度。对党中央决策部署，任何党组织和任何党员都不准合意的执行、不合意的不执行，不准先斩后奏，更不准口是心非、阳奉阴违。属于部门和地方职权范围内的工作部署，要以贯彻党中央决策部署为前提，发挥积极性、主动性、创造性，但不允许自行其是、各自为政，决不允许有令不行、有禁不止，决不允许搞上有政策、下有对策。

要坚决反对破坏党的集中统一领导的言行。无条件贯彻执行以习近平同志为核心的党中央的决策部署，决不能打折扣、做选择、搞变通。对重大原则问题和大是大非问题，必须立场坚定、态度坚决。要坚决与影响党的团结统一的现象作斗争。坚持讲党性、讲原则，发扬斗争精神，敢于斗争，善于斗争。当战士，决不当“爱惜羽毛”的“绅士”。坚决与“两面人”“两面派”作斗争。以更主动的担当作为，坚决消除影响国家政治安全的风险隐患，坚决捍卫来之不易的中国特色社会主义，确保政权安全、制度安全、意识形态安全。

各级党组织对职责范围内的全面从严治党负有主体责任，主要领导是第一责任人。各级党的纪检监察组织对职责范围内的全面从严治党负有监督责任，其他的党的组织的有关部门负有协同责任。要各负其责、各司其职，履行好各自的职责，高效协同，上下一致，相互配合，做好工作。

2. 发挥巡视巡察利剑作用

为了落实全面从严治党要求，严肃党内政治生活，净化党内政治生态，加强党内监督，规范巡视巡查工作，根据党章，我们党制定了巡视条例。党的中央和省（区、市）委员会实行巡视制度，党的市和县一级委员会建立巡察制度，上下贯通。巡视突出了政治巡视的内容，强调要着力发现党的领导弱化、党的建设缺失、全面从严治党不力，党的观念淡漠、组织涣散、纪律松弛，管党治党宽松软问题，尤其是违反政治纪律和政治规矩，存在违背党的路线方针政策的言行，有令不行、有禁不止，阳奉阴违、结党营私、团团伙伙、拉帮结派，以及落实意识形态工作责任制不到位等问题。巡视巡察工作在每一届党委会期间全覆盖，发挥巡视巡察利剑作用，发现问题，形成震慑，促进反思，举一反三，制订方案，及时整改。

严明党的政治纪律。坚持纪律面前一律平等，遵守纪律没有特权，执行纪律没有例外，党内外决不允许存在不受纪律约束的特殊组织和特殊党员。党的各级组织和全体党员要坚决同一切违反党的纪律的行为作斗争。政治纪律是党最根本、最重要的纪律，遵守党的政治纪律是遵守党的全部纪律的基础。全党特别是高级干部必须严格遵守党的政治纪律和政治规矩。党员不准散布违背党的理论和路线方针政策的言论，不准公开发表违背党中央决定的言论，不准泄露党和国家秘密，不准参与非法组织和非法活动，不准制造、传播政治谣言及丑化党和国家形象的言论。

3. 开展批评和自我批评

批评和自我批评是我们党长期形成的、具有独特优势的、党的优良作风之一。通过开展积极的党内思想斗争，经常咬耳朵、扯袖子，红红脸、出出汗，错误思想和不良行为就没有市场，就没有藏身之地。习近平总书记指出：“批评和自我批评是清除党内政治灰尘和政治微生物的有力武器”。要开好一年一度的民主生活会、组织生活会，发现问题，及时解决。对平时发现的违反政治纪律和政治规矩的人和事，要及时开好解决问题的专题民主生活会或组织生活会。

（四）奠定一个基础：严格制度执行

1. 贯彻落实好党的政治建设的各项法规

要以《中国共产党章程》为根本，贯彻落实好党中央在党的政治建设上制定和印发的一系列党内法规。这些党内法规主要有《关于新形势下党内政治生活的若干准则》《中共中央关于加强党的政治建设的意见》《中共中央政治局关于加强和维护党中央集中统一领导的若干规定》《中国共产党重大事项请示报告条例》《中国共产党党内监督条例》《中国共产党纪律处分条例》《中国共产党党组工作条例》《中国共产党政法工作条例》《中国共产党宣传工作条例》《中国共产党统一战线工作条例》《中国共产党领导国家安全工作条例》《中国共产党军队党的建设条例》等，以这些党内法规作为政治建设执纪的基本遵循和依据，作为党员和领导干部对表对标的标准和行为准则。

2. 完善细化好党的政治建设的各项具体规定

将党中央的各项法律法规和有关规定，结合各自的实际，深化、细化、具体化。及时制定切合各自实际的、具有可操作性的实施意见和工作方案。意见和方案不能照抄照搬，不能上下一般粗，不能“一刀切”“一船拖”“一锅煮”，不能只提一般化的要求，大而化之。不能会开了，文件发了，就等于将中央的精神贯彻落实了。要认真学习领会中央精神，深刻领会“国之大者”，提高政治领悟力、政治判断力、政治执行力，调查研究，掌握实情，创造性地开展工作。

3. 建立起贯彻落实的规范工作流程

要明确工作流程和时间节点，工作到人、任务到人、责任到人。建立工作台账，明晰具体内容。比如，对学习贯彻习近平总书记的重要讲话、重要指示批示等，要建立第一时间、以第一议题进行学习传达的制度。而且要分层级，根据不同的对象，采取不同的方式和形式，有针对性地提出不同的要求。要建立工作台账，及时将贯彻落实情况向上级组织报告。

（五）做好一个示范：发挥“头雁”效应

1. 发挥广大党员的先锋模范作用

中国共产党是由无产阶级先进分子所组成，共产党人是用特殊材料制成的人，共产党决无私利可图，党员在人民群众中要发挥先锋模范作用。党员要走在前、干在先，必须铸就对党和人民的忠诚品质。天下至德，莫大于忠。对党忠诚是共产党人崇高的政治品质。忠诚核心是中国共产党的优良传统和独特优势，是中国共产党百年奋斗历史经验的科学总结和深刻昭示。维护核心是最紧要的政治，忠诚于党是最可贵的品格。政治上绝对忠诚，首先是理想信念的坚定。坚定的理想信念是中国共产党人的精神支柱和政治灵魂，失去了理想信念就失去了灵魂，就会迷失方向，就会出这样或那样的问题，就谈不上忠诚。政治上绝对忠诚，要害在“绝对”二字。绝对忠诚就是唯一的、彻底的、无条件的、不掺任何杂质的、没有任何水分的忠诚。这种忠诚不在于喊了多少口号，而在于有多少实际行动。每名党员在入党时，在党旗下都作过庄严的宣誓，入党誓词中有一句话就是“对党忠诚”。所以，每一名共产党员必须在思想上政治上行动上始终同以习近平同志为核心的党中央保持高度一致，始终牢记自己的第一身份是共产党员、第一职责是为党工作。把“两个确立”自觉转化为“两个维护”，把“两个维护”深刻内化为政治信条，体现为政治担当，做到政治上绝对可靠、对党绝对忠诚，在思想上高度信赖核心，感情上衷心爱戴核心，政治上坚决维护核心，组织上自觉服从核心，行动上始终紧跟核心，充分发挥共产党员的先锋模范作用。

在基层要注意打通“最后一公里”，要着力解决理论武装、理论学习上热、中温、下凉的问题。只有解决好这个问题，基层党组织战斗堡垒作用和广大党员的先锋模范作用才能得以充分发挥，才能使“两个维护”纵向到底、横向到边，才能在广大基层组织中打下广泛而坚实的基础，才能将感性认识转化为理性认识，将情感认同转化为思想认同、政治认同，从而凝聚起磅礴的力量。

2. 中央和国家机关要走好“第一方阵”

中央和国家机关是党和国家设立的机构，代表着党和国家的形象，其宗旨和职责都是为人民服务。这就产生了政治，这就决定了它们的性质首先不是做具体工作的业务机关，而是政治机关。不管它们从事的业务和职责分工有多么不同，但所做的大事小事，都连着党的理论路线方针政策，都涉及党和国家机关的作风和形象，都关乎广大人民群众的切身利益。在这里没有脱离政治的单纯业务，也没有脱离业务的抽象政治，都必须旗帜鲜明讲政治，把政治建设摆在首位。进一步说，在党的组织体系中，中央和国家机关是处在组织结构的“第一方阵”，离党中央最近，服务党中央最直接，对机关党建乃至其他领域党建具有风向标作用。在国家治理体系中，中央和国家机关处在“最先一公里”和“第一棒”的位置。如果“第一方阵”出问题，危害会很大，属心腹之患而非皮癣之忧。如果“最先一公里”落空，“第一棒”掉链子，往后和向下的一切都会变形走样，甚至会变质变味。在深刻领悟“两个确立”、坚决做到“两个维护”上，中央和国家机关必须走在前、作表率。

3. 各级领导干部要起到示范带头作用

领导干部要在增强“四个意识”、坚定“四个自信”、做到“两个维护”上起示范带头作用。“四个意识”“四个自信”“两个维护”是党的十八大以来我们党取得的重大理论成果、政治成果、制度成果和宝贵经验，是全党在革命性锻造中形成的共同意志，是党内最重要的政治纪律和政治规矩。增强“四个意识”，就是增强政治意识、大局意识、核心意识、看齐意识。坚定“四个自信”，就是坚定道路自信、理论自信、制度自信、文化自信。增强“四个意识”、坚定

“四个自信”，归根到底，要落实到做到“两个维护”上来。“四个意识”“四个自信”“两个维护”是高度统一的，“两个确立”“两个维护”也是高度统一的。“两个确立”是“两个维护”的政治前提和思想基础，“两个维护”是“两个确立”的政治责任和实践要求。我们要把深刻领悟“两个确立”转化为坚决做到“两个维护”的政治自觉、思想自觉、行动自觉。“两个维护”有明确的内涵和要求，这就是维护习近平总书记党中央的核心、全党的核心地位，对象是习近平总书记而不是其他任何人；维护党中央权威和集中统一领导，对象是党中央而不是其他任何组织。党中央的权威决定各级党组织的权威，各级党组织的权威来自党中央的权威，“两个维护”既不能层层套用，也不能随意延伸。“两个维护”在本质上是一体的，维护习近平总书记核心地位，就是维护党中央权威和集中统一领导；维护党中央权威和集中统一领导，首先要维护习近平总书记核心地位。“两个维护”是新时代对民主集中制的创造性运用，同以人民为中心是统一的，是坚持和加强党的全面领导、践行党的宗旨、践行党的初心使命的根本保证。坚决做到“两个维护”既要有鲜明的态度，更要有扎实的行动。全党只能向党中央看齐、向习近平总书记看齐，决不允许在地方部门单位打着维护党中央权威的旗号损害党的民主集中制，使“两个维护”变形走样。每一名党员干部都必须牢记，不论做什么工作、在哪个岗位、在哪个部门、在哪个领域，也不论资格多老、级别多高，都是党员，都是党的干部，都是组织的人，重要提法都要同党中央对标对表。要精准对标对表，及时校准偏差，统一思想、统一步调、统一行动。领导干部作为党的中坚骨干力量，要带头把深刻领悟“两个确立”、坚决做到“两个维护”，贯彻落实到履职尽责各方面、全过程，严守政治纪律和政治规矩，确保政治上清醒坚定，行动上担当作为。自觉提高政治能力，强化政治担当，把贯彻落实习近平总书记重要讲话、重要指示批示精神作为重大政治任务和政治责任抓紧抓好。

结　语

百年党史，波澜壮阔；百年党史，经验丰富。我们党在《中共中央关于党的百年奋斗重大成就和历史经验的决议》中总结党史，得出的第一条历史经验就是坚持党的领导，第三条历史经验就是坚持理论创新。“两个确立”是对这两条历史经验的具体说明，是内含在这两条历史经验之中的。“两个确立”的提出，是一个重大的政治判断，是一个重大的历史结论。“两个确立”的提出，具有坚实的理论基础，具有充分的现实依据，是从历史中得来的，是从现实中得来的，这是我们党过去为什么能够成功、未来怎样继续成功的制胜秘诀，是新时代坚持和发展中国特色社会主义，实现第二个百年奋斗目标、实现中华民族伟大复兴中国梦的政治保证和思想指引。对历经千辛万苦、付出各种代价得来的“两个确立”，我们要倍加珍惜、长期坚持，并在新时代的伟大实践中不断丰富发展。让我们大家共同努力吧！

潮平两岸阔，风正一帆悬。最后，让我们用党的十九届六中全会审议通过的《决议》向全党发出的伟大号召作为全书的结语。党中央号召：“全党全军全国各族人民要更加紧密地团结在以习近平同志为核心的党中央周围，全面贯彻习近平新时代中国特色社会主义思想，大力弘扬伟大建党精神，勿忘昨天的苦难辉煌，无愧今天的使命担当，不负明天的伟大梦想，以史为鉴、开创未来，埋头苦干、勇毅前行，为实现第二个百年奋斗目标、实现中华民族伟大复兴的中国梦而不懈奋斗。我们坚信，在过去一百年赢得了伟大胜利和荣光的中国共产党和中国人民，必将在新时代新征程上赢得更加伟大的胜利和荣光！”

责任编辑：陈光耀　郑　治
封面设计：石笑梦

图书在版编目（CIP）数据

从五个维度认识把握“两个确立”／曲青山 著 .—北京：人民出版社，
2022.6
ISBN 978－7－01－024802－8

I. ①从… II. ①曲… III. ①中国共产党－党的领导－研究②中国共产党－党的建设－研究 IV. ① D25 ② D26

中国版本图书馆 CIP 数据核字（2022）第 087987 号

从五个维度认识把握“两个确立”
CONG WUGE WEIDU RENSHI BAWO LIANGGE QUELI

曲青山　著

人民出版社 出版发行
（100706　北京市东城区隆福寺街 99 号）

北京盛通印刷股份有限公司印刷　新华书店经销

2022 年 6 月第 1 版　2022 年 6 月北京第 1 次印刷
开本：710 毫米 ×1000 毫米 1/16　印张：14.25
字数：113 千字

ISBN 978－7－01－024802－8　定价：49.00 元

邮购地址 100706　北京市东城区隆福寺街 99 号
人民东方图书销售中心　电话（010）65250042　65289539